KODIAK

Modell zur kommunikativen Deeskalation in alltäglichen Konfliktsituationen

ISBN 978-3-86676-855-0

Schriften des Instituts für Kriminologie und Präventionsforschung

der Hessischen Hochschule für Öffentliches Management und Sicherheit (HÖMS)

Band 1

Clemens Lorei, Kerstin Kocab, Tim Haini, Kristina Menzel,
Hermann Groß, Rainer Bachmann & Thomas Greis

KODIAK

Modell zur kommunikativen Deeskalation in alltäglichen Konfliktsituationen

ISBN 978-3-86676-855-0

Verlag für Polizeiwissenschaft

Prof. Dr. Clemens Lorei

Bibliografische Information der Deutschen Nationalbibliothek
Die Deutsche Nationalbibliothek verzeichnet diese Publikation in der Deutschen Nationalbibliografie; detaillierte bibliografische Daten sind im Internet über http://dnb.d-nb.de abrufbar.

Verlag für Polizeiwissenschaft, Prof. Dr. Clemens Lorei
Eschersheimer Landstraße 508 • 60433 Frankfurt
Telefon/Telefax 0 69/51 37 54 • verlag@polizeiwissenschaft.de
www.polizeiwissenschaft.de

Printed in Germany

Vorwort der Institutsleitung

Prävention insgesamt und insbesondere die Prävention von Gewalt ist einer der zentralen Themenbereiche der Kriminologie. Gewalt und dem Schutz vor ebendieser kommt nicht zuletzt durch die Auswirkungen auf das Sicherheitsgefühl eine solch hohe Bedeutung zu. Die Präventionsforschung ist daher eine zentrale Aufgabe der anwendungsorientierten Kriminologie.

Der Deeskalation wird bei der Prävention von Gewalt eine zentrale und umfassende Wirkung in Konfliktsituationen zugesprochen. Im polizeilichen Kontext kann Deeskalation sowohl präventiv zur Verhinderung von Gewalt gegen Einsatzkräfte, aber auch zur Vermeidung von Gewalt durch Einsatzkräfte als Wirkmechanismus angesehen werden. Deeskalation stellt somit einen Ansatz dar, der die Verbindung dieser beiden zunächst widersprüchlich wirkenden Felder knüpft. Es handelt sich hier jedoch letztendlich nur um zwei Seiten derselben Medaille. Gerade auch vor dem aktuellen Hintergrund von immer stärker zunehmenden Angriffen auf Einsatzkräfte in allen Bereichen – sowohl Polizei, Rettungsdienst als auch Feuerwehr sind laut PKS 2024 betroffen – scheint es lohnenswert, Deeskalationsverhalten und die Forschung auf diesem Gebiet weiterzuentwickeln und zu fördern. Mit dem Ziel, die zu schützen, die tagtäglich den Schutz anderer gewährleisten.

Prof. Dr. Kristin Wolf

Leiterin des Instituts für Kriminologie und Präventionsforschung an der Hessischen Hochschule für Öffentliches Management und Sicherheit

Vorwort der Autoren

„Mit einer geballten Faust kann man keinen Händedruck wechseln."

(Indira Gandhi, 1994, The Guide, Bände 42 - 45, Seite 185, Verlag Christian Labour Association of Canada)

„Es gibt keinen Weg zum Frieden, denn Frieden ist der Weg."

(Mahatma Gandhi, 1951: Welt und Wort, Band 6, Seite 367, Verlag Heliopolis-Verlag Ewald Katzmann)

Gewalt zu vermeiden und zu verhindern, erfordert viel. Einsatzkräfte erleben jeden Tag Situationen, in denen Gewalt präsent ist. Sie in die Lage zu versetzen, Gewalt zu verhindern und zu vermeiden oder nur mit geringer Intensität einzusetzen, ist Ziel von Deeskalation. Zu deeskalieren kann und muss gelernt werden. Dieses Lernen soll durch das Modell **ko**mmunikativer **D**eeskalation **i**n **a**lltäglichen **K**onfliktsituationen (KODIAK) unterstützt werden. KODIAK möchte Polizeibeamt*innen helfen, Fertigkeiten zu entwickeln, um Konflikte in alltäglichen Einsätzen zu bewältigen. KODIAK bietet Orientierung für zielgerichtetes Deeskalieren in solchen Einsatzsituationen.

Die Autoren bedanken sich bei der Hessischen Hochschule für Öffentliches Management und Sicherheit für die finanzielle Förderung des Forschungsprojektes sowie der Unterstützung von weiteren Projekten zur Deeskalation. Ein ganz besonderer Dank geht an die Kolleginnen und Kollegen aus Deutschland, Österreich, der Schweiz und aus Luxemburg für die kritische Durchsicht und umfangreichen Anmerkungen zu einem ersten Entwurf des Modells.

Clemens Lorei, Kerstin Kocab, Tim Haini, Kristina Menzel & Hermann Groß, Hessische Hochschule für Öffentliches Management und Sicherheit

Rainer Bachmann, Polizeipräsidium Frankfurt

Thomas Greis, Sicherheitsakademie Wien

Inhalt

1 Ziele des Modells

Zweifelsohne existieren zahlreiche Tipps, Schulungen, Programme und Trainings für die Kommunikation im polizeilichen Einsatz. Regelmäßig handelt es sich dabei um (mehr oder minder systematische) Sammlungen von Strategien und Techniken, welche allgemein oder in spezifischen Situationen mit Bürger*innen optimieren möchten. Dabei spielen deeskalierende Aspekte im Rahmen der bürgerorientierten Polizeiarbeit sowie insbesondere im Zusammenhang mit Gewalt immer wieder eine herausragende Rolle. Daneben existieren Modelle für die Kommunikation, die vor allem das Verhandeln in speziellen polizeilichen Einsatzlagen in den Fokus rücken. Diese haben einen spezifischen Rahmen, wie spezialisierte Verhandlungsteams, und setzen auf besondere Einsatzstrategien und polizeiliche Taktiken (vgl. Brisach, Dudenhausen, Stock, Ziemke, Schmitz, Ritter & Baurmann, 2001). Dabei sind die adressierten Polizeigegenüber als Geiselnehmer*innen, Attentäter*innen, Bedroher*innen, Entführer*innen oder in ähnlichen Rollen in sehr speziellen Situationen und psychischen Zuständen. Diese Modelle und Konzeptionen für Verhandlungen sehen ihren Schwerpunkt nicht in alltäglichen Routineeinsätzen, sondern fokussieren auf spezielle Situationen.

Das Modell kommunikativer Deeskalation in alltäglichen Konfliktsituationen (KODIAK) zielt hingegen auf die nicht spezialisierten Streifenpolizist*innen in alltäglichen Einsätzen ab. Dabei ist es das Hauptziel des Modells, den handelnden Polizeibeamt*innen eine Orientierung, aber keine Vorschrift zu geben, wie sie systematisch und zielgerichtet deeskalierend kommunizieren können ohne die Eigensicherung zu vernachlässigen. Das Modell erhebt dabei nicht den Anspruch, dass sich für alle alltäglichen Einsatzsituationen Lösungen ableiten lassen und zwingend nach ihm gehandelt werden muss. Es versteht sich als Perspektive mit einer Erweiterung der Handlungsoptionen. Es ist mehr eine Heuristik denn ein Algorithmus. Das Modell bietet dabei einen Orientierungsrahmen, der eine komplexe dynamische Situationen vereinfacht und strukturiert. Damit ist natürlich auch das Risiko verbunden, zu stark zu vereinfachen und ein rigides Verhalten nahezulegen, welches auf die Abfolge der Stufen des Modells fixiert ist. KODIAK ist jedoch an der Kompetenz der handelnden Person orientiert. Auf einer grundlegenden Fähigkeitsstufe, die gerade eine starke Strukturierung und Vereinfachung für die/ den Handelnde*n erfordern kann, bietet KODIAK einen entsprechenden Rahmen (siehe Kapitel 9). Höhere Fertigkeitspotenziale ermöglichen ein sich Lösen von der strikten Stufenabfolge und ein eher paralleles Bearbeiten der durch die Stufen repräsentierten Deeskalationsaspekte.

KODIAK soll ebenso eine Theorie darstellen, an der sich Personen orientieren können, wenn sie deeskalierend wirken wollen. Es wird ein theoretischer Rahmen gebildet, der helfen soll, Ideen in Einsatzlagen zu generieren, die eine mögliche Lösung darstellen können. Es soll weiterhin hilfreich sein, um Situationen zu analysieren und aus ihnen zu lernen. In persönlicher Reflexion, in dienstlicher Nachbereitung oder in Trainings soll es helfen, Einsatzverhalten und Reaktionen des polizeilichen Gegenübers zu verstehen und entsprechend eigenes Handeln zu optimieren. Dabei werden im Modell Ansätze beschrieben, die praktisch bewährt, empirisch belegt sowie theoretisch begründet sind. Das Modell ist offen, zukünftig neue bewährte Konzepte in die Struktur aufzunehmen.

Das Modell fokussiert bewusst auf alltägliche Standardeinsätze der Polizei. Darauf aufbauend kann es spezifisch angepasst und/oder erweitert werden, wenn dies notwendig erscheint, wie z. B. bei besonderen Zielgruppen, wie alkoholisierte Personen (vgl. Todak & White 2019), psychisch Kranke (Biedermann & Ellrich, 2022), Menschen mit Kommunikationshindernissen und bei besonderen Anlässen (wie z. B. suizidale Personen, Bedrohungslagen).

Die seltenen Evaluationen von Deeskalationsstrategien und -trainings zeigen bisher nur deren beschränkte Effektivität auf (siehe Kapitel 2.4.2). Es wird angenommen, dass dies vor allem auf zwei Faktoren zurückzuführen ist: Einerseits können Techniken und Strategien, welche ohne systematische Einordung und theoretischen Rahmen Anwender*innen angeboten werden, in der Praxis eher zufällig und ohne passenden Anlass eingesetzt werden. Dabei wird die Wirksamkeit einer Strategie oder Technik nicht zur Entfaltung kommen, wenn die Situation eine ganz andere Technik oder Strategie erfordert. Nur klare Ausführungsbedingungen und Anwendungsziele bieten die Grundlage für die Evaluation der Effektivität von vermittelten Techniken und Strategien. Doch diese Bedingungen werden häufig nicht systematisch in einem Bezugsrahmen formuliert. Deshalb soll das Modell genau einen solchen anbieten. Einen weiteren problematischen Punkt im Zusammenhang mit Deeskalation, den das Modell lösen soll, stellt die Akzeptanz von Deeskalation und den damit verbunden Techniken und Strategien dar. Nur zu reden und damit auch Deeskalation, wird in der Polizei mitunter als Schwäche verstanden, und es wird befürchtet, dass Deeskalation die Eigensicherung gefährde. Deshalb schließt das Modell kommunikativer Deeskalation in polizeilichen Alltagseinsätzen die Eigensicherung und die Anwendung unmittelbaren Zwanges explizit mit ein und zeigt auf, dass Deeskalation und Eigensicherung kein Widerspruch sind, sondern stets miteinander verbunden sind. So beinhaltet das Modell ausdrücklich die Sicherheit der beteiligten Personen sowie die Übergangspunkte zum Einsatz von Gewalt. Das Modell sieht Deeskalation als ein Handeln aus einer Position der Stärke heraus: Eine gewaltfreie Lösung einer potenziell gewalthaltigen Situation wird angeboten, obwohl, oder gerade weil man in der Lage ist, sie auch mit Gewalt lösen zu können und nicht, weil man befürchtet, sie eben nicht mit Gewalt lösen zu können (Position der Schwäche). Deeskalation ist in diesem Sinne also ein Zeichen von Stärke und eben nicht von Schwäche.

Letztendlich ist es der Anspruch des Modells kommunikativer Deeskalation in alltäglichen Konfliktsituationen (KODIAK), dass man es schulen und erlernen kann. Dies bedeutet, dass Elemente und die Gesamtheit des Modells erlernt werden können und Deeskalation nicht im Sinne einer Kunst oder eines Talentes „gegeben“ oder eben nicht „gegeben“ ist. Reden kann (fast) jeder, zielgerichtet und taktisch versiert kommunizieren muss man lernen und es auch wollen.

Für den Bereich Verhandlungen in mehr oder minder besonderen Einsatzlagen existiert bereits eine lange Tradition und es wurden verschiedene Modelle formuliert und etabliert (vgl. Kapitel 2.5). Das hier postulierte Modell steht mit diesen weder in Konkurrenz, noch stellt es eine

Alternative dar. Der wesentliche Unterschied zu diesen Modellen der Verhandlung ist sowohl das Zusammenarbeiten in einem umfassenden Team sowie die persönliche Präsenz der deeskalierenden Personen in der Lage, während Verhandlungsteams mitunter mehr oder minder abgesetzt agieren (aber auch „face to face" verhandeln). Dies hat zur Folge, dass deeskalierenden Personen durch ihre Anwesenheit in der Situation im Angesicht potenzieller Gewalttäter*innen den möglichen Gefahren unmittelbar ausgesetzt und auch insgesamt persönlich wesentlich involvierter sind (z. B. emotional oder auch durch gegen sie persönlich gerichtete Aktionen). Durch solche reale Eigengefährdung oder auch nur das Befürchten einer persönlichen Gefahr kann sich die kognitive Informationsverarbeitung und insbesondere Bewertung verändern (Nieuwenhuys, Canal Bruland, & Oudejans, 2012; Nieuwenhuys, Savelsbergh & Oudejans, 2012; Nieuwenhuys, Savelsbergh & Oudejans, 2015). Dies beeinflusst Entscheidungen und Einsatzhandeln. Auch scheinen der Lage unmittelbar ausgesetzte Einsatzkräfte im Laufe eines eskalierenden Einsatzes immer mehr emotional zu handeln, denn rational Optionen abzuwägen (Ohlemacher, Feltes & Klukkert, 2008). Damit hat hier die Eigensicherung der deeskalierenden Personen (neben der Sicherheit der anderen Personen in der Lage) eine sehr hohe Bedeutung bzw. höchste Priorität, wie sie in den Modellen der Verhandlungen von Spezialeinheiten nicht existiert bzw. nicht vorrangig thematisiert wird (aber auch da natürlich Eigensicherung sowie die Sicherheit von z. B. Geiseln höchste Priorität besitzt). Ähnlich bedeutsam sind damit auch die eigene Stressbewältigung und Emotionsregulation, da durch die eigene Anwesenheit in der Lage die persönliche Gefährdung und hohe Involviertheit Stress und Emotionen intensiviert sind. Darüber hinaus ist das Deeskalieren in Alltagseinsätzen im Schwerpunkt vor allem meist eine Einzelleistung. Denn wenn auch bei Zweierstreifen eine andere Einsatzkraft anwesend ist, scheint diese mitunter durch andere Aufgaben gebunden zu sein. Dabei ist eine Unterstützung der oder des primär sprechenden Kolleg*in durch z. B. einen Sprecherwechsel situativ hilfreich. Bei Verhandlungen von Spezialeinheiten werden die kommunizierenden Beamt*innen kontinuierlich durch Beratung von außen oder ein Team unterstützt, welches arbeitsteilig agiert. In Alltagseinsätzen sind meist auch nicht die taktischen

Ziele durch eine Polizeidienstvorschrift (PDV) vorgeschrieben und mit Zwischenschritten etc. versehen. Kein*e Polizeiführer*in gibt hier einen Auftrag oder eine Befehlsliste, sondern das Einsatzziel sowie sämtliche Zwischenziele werden von der Einsatzkraft selbst gesetzt und verfolgt. Durch all diese Unterschiede zu Situationen von Verhandlungsgruppen ergibt sich für die deeskalierenden Personen eine sehr hohe kognitive Belastung, weshalb die für die Deeskalation erforderliche Selbststeuerung eine Herausforderung darstellt. Dadurch kann sich z. B. eine schlechtere Kontrolle der nonverbalen Kommunikation ergeben (vgl. Lorei & Litzcke, 2014), und Reflexionen auf der Metaebene erscheinen erschwert. Durch die hohe persönliche Involviertheit kann es auch zu einer reduzierten Empathie kommen, weil ja die eigene Position sehr salient und präsent ist (vgl. dazu auch den fundamentalen Attributionsfehler sowie Akteur-Beobachter-Unterschiede, Bierhoff, 1998). Deshalb soll das Modell die Komplexität einer solchen alltäglichen Einsatzlage reduzieren und Orientierung für zielgerichtetes Handeln geben. Damit soll in Ein-sätzen, die durch Stress geprägt sind, Einsatzkräften geholfen werden, kognitiv noch in der Lage zu sein, zielgerichtet zu deeskalieren. Mitunter werden sicherlich Stufen nur kurz durchlaufen oder auch gleichzeitig bedient (aktives Zuhören dient gleichzeitig der Beziehung, Informationssuche und auch dem Beruhigen, vgl. Abschnitt 7.7). Aber für zielgerichtetes Handeln wird überwiegend eine Stufe des Modells im Vordergrund stehen und die Stufen in ihrer Abfolge gemäß dem Modell nacheinander durchlaufen.

Ziele des KODIAK-Modells:

Es soll Orientierung bei der systematischen und zielgerichteten Deeskalation in Alltagseinsätzen geben (*Orientierungsfunktion*). Dabei reduziert es die Komplexität und strukturiert die Situation (*Transparenzfunktion*) und bietet empirisch (*Evidenzbasiertheit*) und theoretisch (*Theoriefundiertheit*) bewährte Optionen (*Handlungsfreiheit*) an. Es berücksichtigt dabei die Eigensicherung (*Sicherheitsgarantie*) und den Übergang von Deeskalation zu unmittelbarem Zwang (*Ganzheitlichkeit polizeilichen Einsatzhandelns*). Es stellt die Basis für Lernen dar (*Ermöglichung von kontinuierlichem Lernen*).

2 Theoretische und empirische Basis

In einem Großteil polizeilicher Einsätze müssen Polizeibeamt*innen mit anderen Personen interagieren. Regelmäßig besteht dabei ein Konflikt zwischen den anderen Personen (z. B. bei einem Streit zwischen diesen) oder zwischen der Polizei und dem polizeilichen Gegenüber. Dabei kann Gewalt ein Teil der Konfliktaustragung sein. Diese Gewalt kann zwischen den polizeilichen Gegenübern stattfinden, z. B. als häusliche Gewalt, als Teil eines Raubes oder im Rahmen eine Körperverletzung. Sie kann aber auch die Polizei miteinschließen, wenn Polizeibeamt*innen angegriffen werden oder diese mit Gewalt eine Maßnahme durchsetzen müssen. Es ist festzustellen, dass mehr oder minder konflikthafte oder auch gewalttätige Interaktionen mit polizeilichen Gegenübern Teil des Polizeialltages sind (Baier & Ellrich, 2022). Letztendlich ist die Polizei u. a. genau dazu als Institution installiert, ausgestattet und ausgebildet.

Aber auch wenn Polizei befugt ist, Gewalt auszuüben, muss die dienstliche Ausübung von Gewalt sehr sorgsam erfolgen. Dies bedeutet, dass sie möglichst zu vermeiden ist und nur in Form des unmittelbaren Zwangs als letztes Mittel nach den Regeln der Verhältnismäßigkeit eingesetzt werden soll. Professionelles polizeiliches Handeln versucht Konflikte primär kommunikativ zu lösen. Kommunikation wird damit zum wichtigsten Einsatzmittel zur Erfüllung polizeilicher Aufgaben. Dies spiegelt sich in Deutschland im Leitfaden 371 zur Eigensicherung und in der Polizeidienstvorschrift 100 wider. Ebenso wird Kommunikation in den USA als Handlungsmaxime angesehen (IACP 2017, S. 3):

1. *An officer shall use de-escalation techniques and other alternatives to higher levels of force consistent with his or her training whenever possible and appropriate before resorting to force and to reduce the need for force.*

2. *Whenever possible and when such delay will not compromise the safety of the officer or another and will not result in the destruction of evidence, escape of a suspect, or commission of a crime, an officer*

shall allow an individual time and opportunity to submit to verbal commands before force is used.

So sehen es auch erfahrene Einsatzkräfte selbst, wenn sie die Kommunikation als „die stärkste Waffe“ bezeichnen und angeben, dass fast alle Situationen (aber eben nicht alle!) durch eine bestimmte und adressatengerechte Kommunikation durch Einsatzkräfte bewältigt werden können (Herr, Leuschner, Jaroschek, Balaneskovic, Niewöhner & Lorei, 2023, S. 69). Dies kann wiederum das Vertrauen der Bürger in die Polizei stärken, was wiederum mit geringeren verbalen und physischen Übergriffen zum Nachteil von PVB durch Jugendliche einhergeht (Baier & Ellrich, 2014) und somit Polizeibeamt*innen selbst schützt.

2.1 Grundlagen der Kommunikation

Im Folgenden sollen einige Aspekte der allgemeinen Grundlagen der Kommunikation zum Überblick dargestellt werden, damit im weiteren Verlauf darauf Bezug genommen werden kann und die Ausgangspunkte für das Modell kommunikativer Deeskalation in polizeilichen Alltagseinsätzen definiert werden können. Für eine umfassende Darstellung kommunikativer Grundlagen insbesondere auch mit Polizeibezug sei auf Nettelnstroth (2014) verwiesen.

Es wird vom Sender-Empfänger-Modell nach Shannon und Weaver (1949) bzw. den erweiterten Versionen davon (vgl. Nettelnstroth, 2014) ausgegangen. Auch wenn im Nachfolgenden mitunter von Sender*innen und Empfänger*innen gesprochen wird, wird von einem bidirektionalen Informationsfluss im Sinne einer Interaktion ausgegangen und nicht von einem unidirektionalen. Dabei wird angenommen, dass Menschen miteinander interagieren und kommunizieren, um eine bestimmte Absicht, ein bestimmtes Ziel zu erreichen, wie dies nach Schulz von Thun (1981) mit der Appell-Seite einer Nachricht zum Ausdruck gebracht wird. Entsprechend kann man von einer erfolgreichen Kommunikation sprechen, wenn die an einer Kommunikation beteiligten Personen ihr Ziel erreichen und die gewünschte und beabsichtigte Wirkung eintritt. Gestört ist die Kommunikation, wenn die an einer Kommunikation beteiligten Personen ihr Ziel nicht erreichen und somit die gewünschte und beabsichtigte Wirkung ausbleibt. Zum Beispiel kann die Kommunikation von A als gelungen bezeichnet werden, weil A sein oder ihr Ziel erreicht hat, z. B. dass B etwas tut. B kann die Kommunikation aber als gestört wahrnehmen, weil er/sie sich z. B. zu einer Handlung von B gezwungen fühlte, die er/sie eigentlich nicht tun wollte. Beabsichtigt meint dabei nicht unbedingt eine bewusste Intention. Regelmäßig dürfte diese dem/der Sender*in nicht umfassend präsent sein.

Unstrittig ist, dass polizeiliches Handeln, wie bereits oben erwähnt, in alltäglichen Einsätzen sehr oft auf das polizeiliche Gegenüber ausgerichtet ist und somit Polizist*innen in vielen Einsätzen mit anderen Menschen interagieren müssen. Da man in Interaktionssituationen nicht nicht-kommunizieren kann (Watzlawick, Beavin, & Jackson, 1969), herrscht damit auch in Polizeieinsätzen Kommunikation. Im Zusammenhang mit dem Modell kommunikativer Deeskalation in alltäglichen Konfliktsituationen wird zusätzlich davon ausgegangen, dass jegliche Kommunikation im polizeilichen Einsatzkontext einen Aspekt der Deeskalation bzw. Eskalation beinhaltet. Es wird also stets eskaliert oder deeskaliert. Dies basiert auf dem Auftreten von Konflikten oder der latenten Möglichkeit dazu in polizeilichen Interaktionssituationen. Dies steht auch in Bezug dazu, dass Kommunikation nicht nur Sachaspekte umfasst, sondern auch immer Aspekte der Beziehung der Interaktionspartner tangiert (Watzlawick, Beavin & Jackson, 1969; Schulz von Thun, 1981). Damit ist jegliche Kommunikation bzw. Interaktion in diesem Zusammenhang auch immer auf die Beziehung ausgerichtet. Kommunikation ist damit auch stets (mehr oder minder) konfliktbezogen. Dabei kann dies bezüglich des Eskalationspotenzials eskalierend, stagnierend oder deeskalierend sein. Deeskalation setzt also nicht erst im Laufe einer polizeilichen Maßnahme ein, sondern findet bereits von Beginn des Aufeinandertreffens von Polizei und polizeilichem Gegenüber statt. Die handelnden Polizeibeamt*innen können sich also nicht entschließen, Maßnahmen zur Deeskalation oder Eskalation zu beginnen, sondern sie tun dies bereits bei Einsatzbeginn implizit und gezwungenermaßen. Dies ist entscheidend: Eskaliert ein*e Polizeibeamt*in in einer Interaktionssituation unbewusst von Beginn an, werden seine/ihre bewussten, aber erst spät im Einsatzverlauf eingesetzten Deeskalationsbemühungen möglicherweise nicht sofort zum Erfolg führen (können). Deeskalation setzt also nicht erst dann ein, wenn eine Interaktion bereits verfahren ist und sich derart zugespitzt hat, dass Fronten verhärtet sind, die Interaktion höchst emotional und wenig rational verläuft und die Konfliktparteien sich lieber gegenseitig „mit in den Abgrund reißen" wollen, als ein kleines Stück von ihrer Position abzurücken (Glasl, 1980). Wer an dieser Stelle des Konfliktverlaufes erst mit Deeskalation (bewusst und explizit) anfangen möchte, ist sehr oder sogar zu spät dran. Entsprechend wird Deeskalation in der Praxis mitunter als Präventionsmöglichkeit gesehen, um Konflikte zu vermeiden (Todak & White, 2019). Ein falsches Verständnis von Deeskalation kann mitunter auch erklären, warum Kritiker des Deeskalationsansatzes von Strategien und Techniken der Deeskalation wenig überzeugt sind. Dies hat nämlich weniger mit dem Leistungspotenzial dieser Techniken und Strategien zu tun, als mit einem falschen Verständnis von Deeskalationsverläufen. So kann ein unbewusstes und unbeabsichtigtes Eskalieren zu Beginn einer Interaktion nicht einfach durch das quasi technische Einsetzen einer Deeskalationsstrategie/-technik ungeschehen gemacht werden. Denn ist z. B. die Beziehung zwischen den Interaktions-parteien „ruiniert", kann dies nicht mit einem einfachen Kommunikationstrick egalisiert werden. Hat einer der Interaktionspartner den anderen respektlos behandelt, so benötigt es wahrscheinlich intensiver Deeskalationsarbeit, um z. B. ein danach gezeigtes empathisches Verhalten glaubhaft erscheinen zu lassen. Deeskalationstechniken sind also keine Notfalltechniken, die man einsetzt, wenn gar nichts anderes mehr geht und man sich unmittelbar vor einer Gewalt-Katastrophe befindet. Deeskalation erfordert vielmehr vorausschauendes, präventives Handeln, welches kritische Situationen zu verhindern hilft. So lassen sich damit Situationen (potenziell) entschärfen, bevor sie gefährlich werden. Dabei wird nicht ignoriert, dass Angriffe auf Polizeibeamt*innen existieren, die sich eher plötzlich ereignen (Schmalzl, 2005) und damit auch vermutlich wenig Interaktion zwischen der Polizei und den Bürger*innen aufweisen. Jedoch beinhalten viele Polizeieinsätze Interaktion und weisen entsprechend einen Konfliktverlauf

auf (Ohlemacher et al., 2003; Ellrich et al. 2012; Ellrich & Baier, 2014). Da sich hier Kommunikation nicht vermeiden lässt, findet auch (De-)Eskalation statt. Dies zeigt auch die Studie von Abdul-Rahman, Espín Grau und Singelnstein (2020), in der polizeiliche Gewaltanwendungen aus Sicht der Betroffenen untersucht wurden. Sie fanden bei eher alltäglichen Einsätzen, dass in mehr als der Hälfte der berichteten Fälle eine Eskalationsdauer von mehr als zwei Minuten genannt wurde. Nur in jedem zehnten Fall wird von einem Gewalteinsatz durch die Polizei unmittelbar in dem Moment berichtet, in dem Polizei und Gegenüber in eine Interaktion eintraten. Dies zeigt, dass es häufig einen Interaktionsverlauf gibt, bis es zum Gewalteinsatz durch Polizeibeamt*innen kommt. Entsprechend muss in dieser Zeit eine Interaktion stattgefunden haben und damit Raum und Zeit für Deeskalation gewesen sein. Umgekehrt existieren aber auch Situationen, in denen dies nicht der Fall ist und die nicht mit Deeskalation lösbar erscheinen.

Fazit:

Jeder polizeiliche Personenkontakt, bei dem Konflikte oder sogar Gewalt eine Rolle spielen oder spielen können, besitzt Aspekte der (De-)Eskalation. Polizeibeamte können in solchen Situationen weder nicht nicht-kommunizieren noch nicht nicht-(de-)eskalieren.

2.2 Definition wesentlicher Begriffe

2.2.1 Deeskalation

Der Begriff der Deeskalation wird in der Polizei häufig missverstanden und darunter Maßnahmen subsumiert, die passiv-ertragend sind oder sich darauf beschränken, die eigene Position zu schwächen (Schmalzl, 2011). Sie darf aber nicht mit Passivität verwechselt werden (Schmalzl, 1996). Entsprechend wird befürchtet, dass Polizeibeamt*innen beim Deeskalieren einer erhöhten Gefahr ausgesetzt werden und durch Deeskalation die Gewalt gegen Polizist*innen ansteigt (Landers, 2017; Engel, McManus & Isaza, 2020; White et al., 2021; Zaiser, Staller & Koerner, 2023c). Entsprechend wird Deeskalation nur wenig akzeptiert und zurückhaltend versucht. Studien zeigen aber, dass eine stärkere Bürgerorientierung, die gerade kommunikative Aspekte – also die Deeskalation – der Polizeiarbeit betont, mit einem geringeren Gewaltrisiko einhergeht, während Beamt*innen mit einer eher autoritären Haltung häufiger Gewalt im Einsatz erleben (vgl. Ellrich & Baier 2015).

Im Modell kommunikativer Deeskalation in alltäglichen Konfliktsituationen wird Deeskalation als ein Verhalten verstanden, welches in Konfliktsituationen eine Entwicklung in Richtung des Austragens dieses Konfliktes mit Gewalt stagnieren lässt oder umkehrt (vgl. Lorei, 2020). Dabei sind zunächst alle Maßnahmen eingeschlossen, die dies erreichen können. Dies umfasst auch die Präsentation von Stärke oder sogar den kontrollierten Einsatz von Gewalt zur Verhinderung noch massiverer Gewalt (Temme, 2011; Kubera & Fuchs, 2011; Pfeiffer, 2014). Dies entspricht auch der Definition der National Consensus Policy on Use of Force (IACP, 2017, p. 2): *DE-ESCALATION: Taking action or communicating verbally or non-verbally during a potential force encounter in an attempt to stabilize the situation and reduce the immediacy of the threat so that more time, options, and resources can be called upon to resolve the situation without the use of force or with a reduction in the force necessary. De-escalation may include the use of such techniques as command presence, advisements, warnings, verbal persuasion, and tactical repositioning.*

Definition Deeskalation:

Deeskalation ist ein Verhalten (verbale, paraverbale und nonverbale Kommunikation, taktische Maßnahmen etc.), **welches Konflikte nicht in Richtung einer Gewaltsteigerung** (Austragen des Konflikts mit Gewalt) **anfeuert, sondern diese Entwicklung stagnieren lässt oder umkehrt. Damit sind alle Maßnahmen eingeschlossen, die dies erreichen** (können).

2.2.2 Deeskalationstechniken, -taktiken und -strategien

In früheren Ausführungen von Lorei (2020) und auch anderen Forscher*innen wird häufig zwischen Techniken, Taktiken und Strategien zur Deeskalation nicht explizit unterschieden, sondern werden diese Begriffe quasi synonym verwendet. Im hier vorgeschlagenen Modell soll eine Unterscheidung vorgenommen werden (siehe Abbildung 1), da es hier wesentlich und nützlich erscheint.

Als Strategie wird allgemein eine Gruppe von Plänen oder Regeln verstanden, wie ein Ziel erreicht werden kann oder soll (vgl. Öllinger, 2022). Eine Strategie kann in Situationen, in denen man eine Auswahl von Handlungsoptionen hat, festlegen, welche davon gewählt werden. Sie kann als Theorie aufgefasst werden, wie spezifische Probleme oder Aufgaben gelöst oder zumindest angegangen werden.

Für den Bereich des Deeskalierens gibt es verschiedene Strategien, mit denen man Ziele auf dem Weg zur Konfliktlösung erreichen kann. Die Strategie „Beziehungsaufbau" z. B. versucht zwischen Sender und Empfänger eine Beziehung in der Art zu installieren bzw. zu gestalten und auch zu halten (Beziehungsaufbau ist ein andauernder Prozess), dass diese Beziehung als Basis für Verhandlungen, Lösungen oder Ähnliches dienen kann. Damit dies gelingt, werden unterschiedliche kommunikative

Taktiken und Techniken eingesetzt. Dies können z. B. das Spiegeln nonverbaler Kommunikation (LaFrance & Broadbent, 1976; Heubrock & Palkies, 2008; Kreutner, 2014), das Aufzeigen von Gemeinsamkeiten (Kelly, Miller, Redlich & Kleinman, 2013) und das aktive Zuhören sein.

Im hier vorgeschlagenen Modell soll versucht werden, Strategien zu formulieren, die jeweils nur ein spezifisches Ziel verfolgen und in ihrer Wirkweise sich von anderen mehr oder minder trennscharf abgrenzen. Dies steht im Unterschied zu Strategien, die gleichzeitig mehrere Ziele verfolgen und so eher eine Kombination von verschiedenen Techniken sind. Ebenso sind diese Strategien eher allgemein auf ein Ziel zugeschnitten und weniger auf den Weg dorthin. So kann diese Strategie dann höchst unterschiedliche Techniken (= Wege zum Ziel) beinhalten. So kann das „Ventilierenlassen“, welches als Taktik bezeichnet wird (Hallenberger, Thielgen, Dornbach & Frick, 2020), als Sammlung verschiedener kommunikativer Techniken verstanden werden, welche das Ziel verfolgt, dass emotionalisierte polizeiliche Interaktionspartner*innen ihre Erregung durch verbale Kommunikation abbauen können. Dies kann als Strategie aufgefasst werden. Andererseits kann sie Teil der Strategie „Stressmanagement“ sein, welche neben den Techniken des „Ventilierenlassens“ z. B. auch Atemtechniken, nonverbale Ruhesignale usw. umfasst. Dann wäre das „Ventilierenlassen“ als Taktik für die Strategie „Stressmanagement“ zu verstehen, welche verschiedene Techniken (beim „Ventilierenlassen“ z. B. das „Löschen“ und „Zuhören“) umfasst. Im Rahmen des Modells kommunikativer Deeskalation in alltäglichen Konfliktsituationen soll versucht werden, möglichst umfassende Strategien sowie grundlegende Techniken zu formulieren. Die Zwischenstufe der Taktiken als Sammlung von Techniken, um eine Strategie umzusetzen, soll hier keinen Schwerpunkt darstellen.

Als Techniken werden Verhaltensweisen verstanden, welche in der Lage sind oder beabsichtigen, Strategien mittels Handlungen umzusetzen. So können verschiedene Techniken eine Strategie umsetzen. Die Strategie „Stressmanagement“ kann z. B. durch Techniken der Atmungskontrolle, der nonverbalen Kommunikation von Ruhe, durch Sich-Zeit-Lassen etc. realisiert werden. Dabei sind die Aufzählungen von Techniken hier im

Modell nicht abschließend und erschöpfend. Ebenso dienen Techniken nicht ausschließlich einer Strategie, sondern können mehreren Strategien helfen (vgl. auch Abschnitt 7.7). Zuhören signalisiert Interesse, kann dem Stressmanagement dienen und zugleich Informationsgewinnung darstellen.

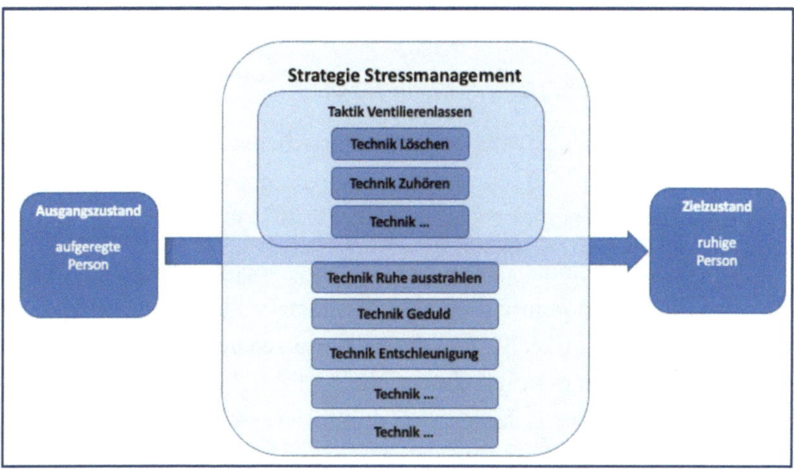

Abbildung 1: Unterscheidung von Strategien, Taktiken und Techniken der Deeskalation

2.2.3 Stufenmodell

Das Modell kommunikativer Deeskalation in alltäglichen Konfliktsituationen (KODIAK) versteht sich als kybernetisches Modell, das idealtypisches Einsatzhandeln beschreibt. Analog eines Flussdiagrammes werden Phasen beschrieben, in denen jeweils ein Thema in der Interaktion zwischen Polizei und polizeilichem Gegenüber vorherrscht. Jede Phase ist in dem Modell als Stufe definiert. Dabei muss jeweils eine Stufe bis zu einem gewissen Grad absolviert werden, damit auf einer nächsten Stufe die Interaktion mit einem anderen thematischen Schwerpunkt fort-geführt werden kann. Wird ein zuvor behandeltes Thema wieder aktuell, so kehrt die Interaktion auf die Stufe zurück, an der das Thema als Schwerpunkt definiert ist. Erst dann kann wieder über die Stufen gemäß ihrer Reihenfolge auf eine Stufe einer höheren Ebene zurückgekehrt werden. Eine Stufe kann als bewältigt angesehen werden, wenn die subjektive Beurteilung des Akteurs sie als ausreichend erfüllt ansieht. Auf jeder Stufe des Modells finden jeweils Beurteilungen aller darunter liegenden Stufen statt. Sollte auf einer höheren Stufe die Beurteilung der Situation bezüglich einer niedrigeren Stufe zum Schluss kommen, dass diese nicht ausreichend erfüllt ist, wird zu dieser Stufe zurückgekehrt.

2.2.4 Ziele und zielgerichtetes Handeln

Ein Ziel kann als gewählter oder vorgegebener Endzustand einer Handlung verstanden werden und ist ein zentraler Aspekt bei der Steuerung menschlichen Handelns (vgl. Kleinbeck, 2021).

Polizeiliches Handeln sollte nicht zufällig, sondern zielgerichtet sein. So wird die Polizei gerufen, um Notsituationen zu beenden, Hilfe zu leisten oder Straftaten zu melden. In diesen Einsätzen geht die Polizei auch nicht zufällig vor, sondern hat gesetzliche oder durch die Organisation vorgegebene Ziele. Dabei lassen sich diese Ziele in Zwischenziele im Sinne von Zwischenschritten unterteilen. Entsprechend verfolgt das polizeiliche Handeln diese Ziele sowie Zwischenstationen auf dem Weg dorthin. Gleiches gilt dabei für kommunikatives polizeiliches Handeln. Auch hier handelt es sich nicht um ein privates Gespräch, bei dem sich die Interaktionspartner*innen zufällig thematisch und emotional treiben lassen und kommunikative Beiträge eher spontan und reaktiv äußern, sondern die Interaktionspartner*innen auf Seiten der Polizei verfolgen mit der Kommunikation polizeiliche Ziele und Zwischenziele. Ein Ziel kann in der Informationsgewinnung oder Beruhigung des/der Bürger*in bestehen oder im Versuch, das polizeiliche Gegenüber zu Handlungen zu veranlassen. Neben den expliziten Zielen, die mehr oder minder bewusst sind und verfolgt werden, existieren auch implizite Ziele. Diese können unabhängig von den dienstlichen Zielen sein oder aber mit diesen konkurrieren und dann zu intrapersonellen Konflikten führen (vgl. Kleinbeck, 2021). Sie können die Handlungsfähigkeit beeinträchtigen. Entsprechend erscheint es wichtig, sich der für das Einsatzhandeln aktiven und damit relevanten

Ziele bewusst zu sein. Das Modell KODIAK formuliert deshalb explizite Ziele und Zwischenziele bzw. Stufen.

Da polizeiliches Einsatzhandeln häufig auch Teamarbeit ist, erfordert dies Abstimmungen zwischen den Akteur*innen auf Polizeiseite. Effektive Zusammenarbeit und Teamverhalten kann dabei Gewalt gegen Polizeibeamte verhindern helfen (Ellrich & Baier, 2014). Situationen, die potenziell eskalieren können, werden vor allem im Streifenteam gemeinsam bearbeitet. Dies bietet einerseits Sicherheit, aber andererseits auch die Notwendigkeit zur Abstimmung. Soll das Einsatzhandeln eines Streifenteams effektiv sein, muss es aneinander angepasst und untereinander koordiniert sein (vgl. Kleinbeck, 2021). In eskalierenden Situationen besteht aber wenig Potenzial, die Ziele im Team explizit abzugleichen, um sie dann gemeinsam und koordiniert zu erreichen. Vielmehr erscheint hier ein gleiches Zielsystem oder ein gemeinsames mentales Modell der Situation („shared mental model" in der Human-Factors-Forschung) und seiner potenziellen Lösung hilfreich. Damit kann dann Teamwork zielgerichtet und die einzelnen Teilleistungen der beteiligten Akteur*innen aufeinander ausgerichtet und damit leistungsfähiger sein (Mathieu, Heffner, Goodwin, Salas & Cannon-Bowers, 2000; Lim & Klein, 2006). Hier stellt KODIAK eine Basis für ein gemeinsames Verständnis solcher Einsatzsituationen dar und erlaubt es den Polizeibeamt*innen, jeweils auf ein gemeinsames (Zwischen-)Ziel ausgerichtet, koordiniert zu handeln. Das Modell KODIAK kann dann Grundlage für Teamwork im Bereich Deeskalation sein.

Handeln nach Zielen ist im polizeilichen Bereich auch in der polizeilichen Führungslehre (vgl. Hessisches Ministerium des Innern und für Sport, 2012; PDV 100, Nr. 1.5.3.3. sowie z. B. Koch & Schmidt, 2007) niedergelegt. Hierbei wird zwischen Befehlstaktik und Auftragstaktik unterschieden. Unter Auftragstaktik wird verstanden, dass der/die Auftragnehmer*in zwar ein Einsatzziel übertragen bekommt, bei der Umsetzung zur Erreichung dieses Ziels aber die Freiheiten erhält, die Methode, Maßnahme oder Technik selbst zu bestimmen (vgl. Loquai, 1980, S. 444; Felde & May, 1981). Demgegenüber steht die Befehlstaktik, welche Maßnahmen streng und exakt vorgibt, welche zur Zielerreichung führen sollen. Die Auftragstaktik soll dem/der Auftragsempfänger*in eine größere Handlungsfreiheit bei der Umsetzung des Einsatzziels bieten (Koch & Schmidt, 2007, S. 77). Die Vorteile der Auftragstaktik sieht von Raesfeld (1960) vor allem in schnell wechselnden Lagen, in denen eine zentral führende Person die Lageveränderungen kaum zeitlich adäquat verfolgen und rechtzeitig entsprechende Befehle formulieren kann, und bei unübersichtlichen Lagen, in denen die führende Person nicht alle relevanten Informationen besitzt, während die ausführenden Einheiten diese womöglich haben. Dies kann nicht nur für Lagen, die geführt werden, angenommen werden, sondern für alle alltäglichen Einsatzsituationen. Diese sind weder vollständig vorhersehbar noch umfassend planbar – jede Situation scheint anders und es kommt stets auf die spezifische Situation an. Entsprechend müssen in diesen Einsätzen handelnde Personen ebenso in der „Lage leben“ und angepasst handeln bei gegebenen Einsatzzielen. Entsprechend wirken sich Entscheidungsfreiheiten für die Wahl der Mittel (nicht der Ziele) positiv aus, wie z. B. Kewley (2004) für die Auswirkung von Entscheidungsfreiheiten analog der Auftragstaktik von Agent*innen in einer Gefechtssimulation fand.

Ziele und Zielsetzungen sind allgemein für Verhalten und insbesondere Erfolg entscheidend. Achtziger und Gollwitzer (2010, S. 310) definieren entsprechende Zielvorstellungen als grundlegend für Handlungen. Motivationstheorien wie das Rubikon-Modell (vgl. Heckhausen, Gollwitzer & Weinert, 1987) beschäftigen sich in der ersten Phase, bevor Umsetzung und Handeln einsetzen, ausführlich mit der Auswahl von Zielen. Damit kommt Zielen eine zentrale Rolle zu. Es kann angenommen werden, dass Ziele, wenn sie gesetzt sind, zu entsprechenden Planungen und Handlungen führen. Locke (1968) bzw. Locke und Latham (1984) bestimmen dann in ihrer Goal-Setting-Theory, wie solche Ziele zu formulieren sind, damit sie besonders leistungsfördernd wirken. Insbesondere sollen Leistungen dann besser sein, wenn Ziele spezifisch formuliert werden und konkret sowie allgemein gehalten sind. Gemeint sind damit Ziele, die Handlungen nahelegen und nicht Zielzustände, welche eher das Ergebnis von Handlungen darstellen. Diese beiden erfolgsentscheidenden Eigenschaften von Zielen wurden durch zwei Metaanalysen von Tupps (1986) und Mento, Steel und Karren (1987) eindeutig belegt. Tupps (1986) fand dabei in 48 Studien mit 4960 Fällen und Mento, Steel und Karren (1987) in 47 betrachteten Studien mit 5844 Fällen entsprechend ausgeprägte Effektstärken.

Die Stufen und Strategien des KODIAK-Modells können motivationspsychologisch förderlich für Vorsätze sein. Ein Vorsatz ist dabei die Bestimmung einer bestimmten Situation als „Wenn-Bedingung“ für das Ausführen einer Handlung als „Dann-Konsequenz“ zur Zielerreichung (Achtziger, & Gollwitzer, 2010). Dabei machen Vorsätze die Realisierung von Handlungen, auf die in den Vorsätzen abgezielt wird, wahrscheinlicher (Gollwitzer & Sheeran, 2006), indem sie kognitiv verfügbarer sind und die Aktivierungsbedingungen der Situation, welche für den Vorsatz ebenso formuliert sind, leichter erkannt werden (Achtziger, & Gollwitzer, 2010). Vorsätze führen also dazu, dass die Verfügbarkeit von Handlungen besser wird und durch die Definition von situativen Bedingungen diese auch wahrscheinlicher ausgeführt werden. Entsprechend kann das KODIAK-Modell die Handlungsfähigkeit in eskalierenden Situationen stärken, da hier sowohl Bedingungen als auch Handlungen formuliert werden, die in Vorsätze einfließen können. In diesem Zusammenhang erscheinen die Moderatoren für die Wirksamkeit von Vorsätzen interessant (Achtziger & Gollwitzer, 2010). So zeigen Vor-sätze besonders ihre Wirkung, wenn es eher schwierig ist, das zu zeigende Handeln zu initiieren, z. B. aus Gründen einer kognitiven Einschränkung. Gerade dies erscheint in Situationen voller emotionaler Anspannung und aggressiver Tönung wahrscheinlich: Der/die handelnde Polizeibeamt*in muss sich auf sehr unterschiedliche und viele Aspekte der Situation konzentrieren, gerät in Stress und damit geht möglicherweise eine kognitive Einengung einher (vgl. Lorei, 2014b). Kreatives Problemlösen erscheint erschwert. Hier könnten Vorsätze und damit ein Modell hilfreich sein und die situationsgerechte Handlungsfähigkeit ermöglichen.

Fazit:

Insgesamt erscheint ein Zielsystem (eine Zusammenstellung von Zwischenzielen hin zu einem Gesamtziel) **für Deeskalation, das zwischen Streifenpartner*innen als mentales Modell geteilt wird und in welchem Zwischenziele, zielerreichende Handlungen sowie Ausführungsbedingungen dargelegt werden, leistungsförderlich für erfolgreiches, situationsangepasstes Einsatzhandeln in Situationen zu sein, in denen der Handelnde hohen Stress erfährt.**

2.3 Einstellung zu gewaltfreien Konfliktlösungen

Deeskalation wird in der Polizei mitunter skeptisch gesehen (Schmalzl, 2011) und es wird befürchtet, dass Deeskalieren Polizeibeamt*innen in eine erhöhte Gefahr bringt (Landers, 2017; Engel, McManus & Isaza, 2020; White et al., 2021). Auch wird mitunter vermutet, deeskalierendes Verhalten widerspreche dem Routineverhalten und der Einstellung von Polizeibeamt*innen z. B. im Sinne einer Handlungsorientierung (Zaiser, Staller & Koerner, 2023c). Wenn also Deeskalation eher kritisch gesehen wird, dann reicht möglicherweise auch kein Leitfaden und keine Dienstvorschrift, um Polizeibeamt*innen zu motivieren, Deeskalationsstrategien im Einsatz zu nutzen und Konflikte gewaltfrei zu lösen. Dann spielt die Einstellung von Polizeibeamt*innen zum Einsatz von Gewalt und Deeskalation eine große Rolle für die Praxis. Richter (2006) sieht eine entsprechende Einstellung zu seinem Gegenüber als Basis jeglicher Deeskalation an. Zaiser, Staller und Koerner (2023a) fordern deshalb auch einen entsprechenden Wandel im Mindset von Polizeibeamt*innen, damit ihre Kommunikation dann auch stimmig ist und Deeskalation funktionieren kann. Schuck, Rabe-Hemp und Harris (2023) gehen noch weiter und fordern eine Organisationsphilosophie bzw. Ethik der Fürsorge bei der Polizei.

Noppe (2016) fand bei belgischen Polizist*innen, wenn sie dem Einsatz von Gewalt positiver gegenüberstanden, dass sie eher zu einem Gewalteinsatz bei Provokation durch ein Gegenüber neigten als Polizeibeamt*innen, deren moralische Vorstellung Gewalt als weniger positiv verstand. Wird Kommunikation als Einsatzmittel also geringgeschätzt und werden andere Einsatzmaßnahmen bevorzugt, z. B. weil man fürchtet, durch Deeskalation in Gefahr zu geraten, so werden kommunikative Strategien auch seltener und weniger geduldig eingesetzt (weitere Abwägungen bei der Wahl der Mittel zeigt Tränkle, 2020 auf). Die Absicht und Bereitschaft zu gewaltfreien Lösungen ist also eine Voraussetzung für Deeskalation (Temme, 2011). Eine stärkere Bürgerorientierung, welche gerade kommunikative Aspekte der Polizeiarbeit betont, geht dann sogar mit einem geringeren Gewaltrisiko einher, während Beamt*innen mit einer eher autoritären Haltung häufiger Gewalt im Einsatz erleben (Ellrich & Baier, 2015).

Die Einstellung gegenüber dem Deeskalieren hängt sicherlich auch von der Vermutung ab, mit Kommunikation Konflikte – auch sehr heftige – lösen zu können. Entsprechend müssen die Polizeibeamt*innen von der Wirksamkeit von Deeskalationsstrategien und -techniken in gefährlichen Einsätzen überzeugt werden (White et al., 2021). Dies ist essenziell, da die Wichtigkeit verschiedener Strategien zwar grundsätzlich akzeptiert wird, ihre Wirksamkeit jedoch angezweifelt und befürchtet wird, dass Deeskalation die Sicherheit von Polizeibeamt*innen reduzieren könnte (Landers, 2017; White et al., 2021). Dabei werden Strategien, bei denen es primär um die Sicherheit der Beamt*innen geht, insgesamt als wichtiger angesehen als andere (White et al., 2019; Lorei, Balaneskovic, Kocab & Groß, 2023a, b, c, d, e). Viele Polizeibeamt*innen sind zwar bereit, an Deeskalationslehrgängen teilzunehmen und glauben auch, dort ihr Verhaltensrepertoire zur Konfliktlösung erweitern zu können, sie sind aber gleichzeitig skeptisch, ob diese Trainings dabei helfen, das Gewaltpotenzial sowie die Anzahl von Kämpfen, Gewalteinsätzen und Verletzungen zu reduzieren (White et al., 2019).

Eine negative Haltung zu friedlichen Lösungen allgemein sowie zum polizeilichen Gegenüber kann auch die Gefahr einer sich selbst erfüllenden

Prophezeiung (Merton, 1968) bergen, was Hermanutz (2015) in seiner Untersuchung zu Gewalt gegen Polizeibeamt*innen zeigen konnte. Wird von vornherein eine Gewaltbereitschaft beim Gegenüber vorausgesetzt, so kann durch hieraus resultierendes Verhalten ein nicht unerheblicher Beitrag zur Eskalation von Gewalt geleistet werden. Eine Extremform mit anti-deeskalierender Haltung stellen sogenannte „Widerstandsbeamt*innen" dar (Tränkle, 2015; Möllers, 2019).

2.4 Deeskalationstrainings

Zum Schutz von Einsatzkräften – also nicht nur Polizei, sondern auch Rettungskräften – vor Angriffen werden häufig technische Lösungen wie Schutzausrüstung oder Einsatzmittel gefordert (Rau & Leuschner, 2018). Dabei kann man an der Bevorzugung von eher technischen Schutzmaßnahmen bemängeln, dass damit nicht die persönliche Qualifikation von Polizeibeamt*innen verbessert wird (Adang & Mensink, 2004) und diese bei verbaler Gewalt nicht schützen können. Die Ausstattung mit Einsatzmitteln kann aber auch unerwünschte Konsequenzen haben. Neben der Problematik von Kollateraltreffern bzw. des friendly fires (Lorei & Balaneskovic, 2023) und der Entwaffnung (Lorei & Balaneskovic, 2023), können solche Einsatzmittel auch Fehlverhalten begünstigen. So zeigt die Evaluation des Pfeffersprays, dass dieses unbestreitbar ein effektives Einsatzmittel bei bewaffneten oder aggressiven Personen sein kann, aber auch häufig bei ausschließlich verbal renitenten Personen eingesetzt wird (Adang & Mensink, 2004). Dies erscheint als unverhältnismäßig, da einerseits diese Situationen häufig auch verbal lösbar erscheinen und andererseits das Pfefferspray im Eskalationsmodell deutlich hinter verbalen Maßnahmen – meist sogar erst nach körperlichen Techniken und in der Nähe von Waffen – angeführt wird (Adang & Mensink, 2004).

2.4.1 Verhältnis von Trainings zueinander

Betont man Deeskalation als präferierte Konfliktlösung, wie dies der Leitfaden 371 und die Polizeidienstvorschrift 100 fordern, rückt die persönliche Qualifikation von Einsatzkräften in den Mittelpunkt. Dies erfordert Aus- und Fortbildung. Da neben der Deeskalation weitere sehr bedeutsame Themen und Lehrveranstaltungen wie Schießen, Selbstverteidigung, Anwendung von Einsatzmitteln und Ähnliches zur Vorbereitung auf potenziell gefährliche Situationen existieren und auch erforderlich sind (Adang, 2012), ist dabei das Verhältnis dieser unterschiedlichen Einsatzmaßnahmen zueinander im Blick zu behalten. Während nämlich im alltäglichen Einsatz Kommunikation und Deeskalation wesentlich häufiger stattfinden als der Einsatz von Gewalt – Deveau (2021) gibt für Kanada an, dass dort 98 % aller Polizeinotrufe Deeskalation beinhalten und nur 2 % den Einsatz von Gewalt erfordern – nimmt das Training zum Einsatz von Gewalt (körperliche Gewalt bis hin zum Schusswaffengebrauch) deutlich mehr Zeit und Raum in Aus- und Fortbildung ein als Trainings zur Deeskalation (Dayley, 2016; Giacomantonio, Goodwin & Carmichael, 2019; Deveau, 2021; Lorei, Balaneskovic, Kocab & Groß, 2023a, b, c, d, e). Dayley (2016) fand in seiner Analyse von US-amerikanischen Trainings ein Verhältnis von ca. 9:1. Abanonu (2018) bestätigt dies und fordert deshalb eine entsprechende Erhöhung des Trainingsumfanges für Deeskalation. Lorei, Balaneskovic, Kocab und Groß (2023a, d) finden dies ähnlich für die Ausbildung wie auch die Fortbildung von Polizeibeamt*innen in Deutschland. EU-weit herrscht hier eine große Heterogenität (Lorei, Balaneskovic, Kocab & Groß, 2023b). Das Verhältnis der gewaltlosen Einsatzlösungen zu denen mit Gewalteinsatz erscheint dabei von hoher Bedeutung. Je nach Verhältnis dieser beiden Trainingsrichtungen könnte eine entsprechende Maßnahmenhierarchie in der Praxis resultieren: Überwiegt das Training zum Einsatz von Gewalt, könnte im alltäglichen Dienst auch der Einsatz von Gewalt bevorzugt werden (Dayley, 2016). Dies zeigt sich genauso in der Analyse von Lee, Jang, Yun, Lim und Tushaus (2010), die einen positiven Zusammenhang zwischen Trainingsmenge und Gewalteinsatz fanden. Offen bleibt dabei natürlich, ob der notwendige Trainingsaufwand für beide Verhaltensarten (Gewalteinsatz vs. Deeskalation) vergleichbar ist, oder aber die ein oder andere Fertigkeit mehr Ausbildung und Übung benötigt. Gleichwohl kann mit den unterschiedlichen Ansätzen aber auch eine Werthaltung verbunden werden, welche sich dann im Einsatz niederschlägt. Auch können unterschiedliche Trainingsumfänge zu unterschiedlichen Stufen des

Kompetenzerwerbs (vgl. *kognitive Leistungen* Bloom, 1972; *psychomotorische Leistungen* Harrow, 1972; *affektiver Bereich* Krathwohl, Bloom, & Masia 1978) führen. Damit könnten verschiedene Konfliktlösungen (Einsatz von Gewalt vs. Deeskalation) qualitativ unterschiedlich beherrscht und so mit heterogener Effektivität eingesetzt werden. Weiterhin können unterschiedliche Trainingsumfänge neben unterschiedlichen Kompetenzstufen auch zu verschiedenen subjektiven Kompetenzüberzeugungen bzw. Selbstwirksamkeitserwartungen (Bandura, 1997) führen. Wenn dann in subjektiv gefährlichen Situationen zu handeln ist, können diese Überzeugungen dazu führen, dass die subjektiv sicherste Technik gewählt wird. Damit sind dann Trainingsumfänge sehr bedeutsam und entscheidender für den Einsatz, als es Merkmale der Situation und damit der Erforderlichkeit sind.

2.4.2 Zur Effektivität von Deeskalationstrainings

Die Überprüfung von Trainingsmaßnahmen im Rahmen der Aus- und Fortbildung von Polizeibeamt*innen allgemein sind eher selten (Giacomantonio et al., 2019). Dabei sind Deeskalationstrainings meist nicht standardisiert und variieren in Inhalt, Umfang, Zielsetzung und Durchführung sowie Pädagogik deutlich (für USA: Leach, Gloinson, Sutherland & Whitmore, 2019; Pontzer, 2021; für Deutschland Lorei, Balaneskovic, Kocab & Groß, 2023a, c, d; für die EU: Lorei, Balaneskovic, Kocab & Groß, 2023b, e). Der wenig umfassende Forschungsstand zu polizeilichem Handeln und Trainieren steht damit im Gegensatz dazu, dass Polizeieinsätze immer wieder diskutiert werden. Gerade auch die Deeskalation ist massiv in der Diskussion, aber dabei kaum beforscht (Todak & White, 2019). Ein besonderes Spannungsfeld ergibt sich daraus, dass einerseits Gewalt gegen Einsatzkräfte beklagt wird, andererseits aber die Verhältnismäßigkeit des Einsatzes von Gewalt durch Polizeikräfte reklamiert wird. Zwei Aspekte, die möglicherweise nicht völlig unabhängig voneinander sind (vgl. Lorei, 1999; van Reemst, Fischer & Weerman, 2022; Laumer & Welscher, 2023). Beide Seiten von Gewalt im Polizeialltag können als unterforscht gelten (Lorei, 2021a) und erfordern Lösungen. Der internationale Forschungstand zur Vorbereitung und Praxis des

Einsatzes von Gewalt und Deeskalation im Besonderen umfasst zwar einige Arbeiten zu einigen Aspekten, muss aber insgesamt dennoch als sehr lückenhaft beschrieben werden und sollte wissenschaftlich eingehender erforscht werden (Bennell et al., 2021). Dabei wird der Ruf nach Aufklärung nicht nur aus den Reihen Betroffener laut, sondern die Wissenschaft fordert auf, das nur lückenhaft erforschte Gebiet zu erhellen (Boxer et al., 2021). Die bisher erfolgten Evaluationen erscheinen meist methodisch schwach (Leach, Gloinson, Sutherland & Whitmore, 2019).

Teilnehmer*innen des kanadischen Trainings zum sogenannten verbalen Judo/Aikido waren damit hochzufrieden und überzeugt, die erlernten Fähigkeiten anwenden zu können (Giacomantonio, Goodwin & Carmichael, 2019). Sie gaben an, sehr motiviert zu sein, dies auch bei zukünftigen Einsätzen anzuwenden. In einem Behaltenstest zeigten die meisten auch sehr gute Lernleistungen. Bei der experimentellen Verhaltensbeobachtung konnte auch festgestellt werden, dass deeskalierendes Verhalten von den Trainingsteilnehmer*innen öfter gezeigt wurde und eskalierendes in seiner Häufigkeit abnahm. Dabei hielten sich allerdings auch verschiedene Verhaltensweisen und erschienen eher änderungsresistent. Dies kann vor allem auf jahrelange Gewohnheiten und ein demgegenüber doch eher kurzes Training zurückgeführt werden. Insgesamt konnte nicht nachgewiesen werden, dass der Einsatz von Gewalt – hier in Simulationen – seltener wurde oder in den Situationen erst zeitlich verzögert – also später im Einsatzverlauf – auftrat. Ähnlich stellten auch Leach, Gloinson, Sutherland und Whitmore (2019) bei ihrer Durchsicht des Forschungsstandes zur Deeskalation fest, dass Deeskalationstrainings das Auftreten von gewalttätigen oder aggressiven Ereignissen nicht seltener machten, es aber den Betroffenen durch mehr Wissen, Selbstvertrauen und Techniken erleichtere, damit umzugehen. Nicht eindeutig zeigten die von Leach et al. (2019) betrachteten Studien, ob das Training die Anzahl von Verletzungen der Betroffenen – hier der Angegriffenen – reduzieren kann. Goh (2021) hingegen fand eine massive Wirkung von Deeskalationstrainings im polizeilichen Bereich, indem sich die Anzahl von Einsätzen reduzierte, in welchen Polizei Gewalt einsetzte. Dabei war der Effekt im Vergleich zur Einführung von nicht-letalen Einsatzmitteln oder der

Bodycam groß (Goh, 2021). Die Effekte des Trainings breiteten sich über die Dienststelle insgesamt aus und waren nicht nur auf die Teilnehmenden beschränkt (Goh, 2021); nachteilige Kollateraleffekte konnten nicht beobachtet werden. Der mitunter von Kritiker*innen vermutete Anstieg der Gewalt gegen Polizeibeamt*innen (Engel, McManus & Isaza, 2020) blieb aus. Goh (2021) sieht dabei aber eine Konfundierung mit der Wirkung der veränderten Organisationspolitik und -kultur hinsichtlich des Einsatzes von deeskalierenden Maßnahmen, die sich unabhängig von den Trainingseffekten auswirken könnte.

Engel, McManus und Herold (2020) fassten 64 Evaluationen von Deeskalationstrainings mehrheitlich im Bereich der Pflege oder des Umgangs mit psychisch Kranken aus 40 Jahren zusammen. Tendenziell zeigten diese Evaluationen positive Effekte, waren aber stets mit methodischen Mängeln behaftet. Insgesamt offenbarte sich kaum etwas, was für die polizeiliche Anwendung bedeutsam scheint. Wirkungsvoll waren die Trainings meist hinsichtlich des Wissens, der Einstellung und bezüglich des Selbstvertrauens der Teilnehmenden. Auf der Verhaltensebene wurde seltener gemessen. Die Trainierten gaben dabei aber an, die erlernten Techniken zu nutzen oder man konnte dies in Simulationen beobachten. Dabei zeigte sich die Wirkung auf die Anzahl von relevanten Ereignissen und deren Ausgang in der Anwendung in der Realität inkonsistent. Engel, Corsaro, Isaza und McManus (2022) führten darauf aufbauend eine Evaluation eines Deeskalationstrainings in einem Polizeidepartment durch. Sie fanden infolge des Trainings eine deutliche Abnahme des Gewalteinsatzes (-28,1 %) sowie der Anzahl von verletzten Polizeibeamt*innen (-36,0 %) und Bürger*innen (-26,3 %).

In den letzten Jahren wurden vor allem aus Kosten- und Aufwandsgründen Trainings – auch im Einsatztraining – in den virtuellen Raum verlegt (Giessing & Frenkel, 2022). So existiert auch bereits ein System, in welchem Deeskalation geübt werden kann (Bosse, Gerritsen & de Man, 2016). Erste Evaluationen finden auch Akzeptanz bei Polizeibeamt*innen (Bosse & Gerritsen, 2016). Dabei basieren die Algorithmen, welche das Verhalten der simulierenden Polizeibeamten beurteilen, bisher auf eher einfachen Entscheidungsbäumen und berücksichtigen nur wenige

Techniken bzw. Aspekte der Deeskalation (Bosse & Provoost, 2015) und können so nur schwer die Komplexität und Vielfalt solcher Lagen simulieren.

Insgesamt ist also festzustellen, dass die Wirksamkeit von Trainings noch wenig und qualitativ schwach erforscht ist. Die bisherigen Ergebnisse deuten aber darauf hin, dass Deeskalation sowie die dazugehörigen Trainings wirken und Effekte zeigen können. Dabei scheinen die befürchteten Nachteile tendenziell nicht einzutreten. Hingegen sind die Trainings mitunter didaktisch und pädagogisch optimierbar (Semple, Jenkins & Bennell, 2023; Lorei, Balaneskovic, Kocab & Groß, 2023a, b, c, d, e), die Akzeptanz von Deeskalation als primäres Einsatzhandeln verbesserungswürdig sowie die Integration von Deeskalation in Aus- und Fortbildung zwingend zu verbessern (Lorei, Balaneskovic, Kocab & Groß, 2023a, b, c, d, e).

2.5 Modelle polizeilicher Verhandlungen

Die nachfolgenden Modelle entstammen weniger dem Einsatzgebiet alltäglicher Polizeiarbeit denn der von Spezialeinheiten in besonderen Lagen. Sie erscheinen damit nur beschränkt oder gar nicht auf alltägliche Einsätze von Streifenbeamt*innen übertragbar. Eine Orientierung an diesen Modellen findet jedoch mitunter statt.

2.5.1 Behavioral Influence Stairway Model (BISM)

Das Stufenmodell zur Verhaltensbeeinflussung (Behavioral Influence Stairway Model – BISM) für Verhandlungen und Krisenintervention wurde von der Crisis Negotiation Unit (CNU) des Federal Bureau of Investigation (FBI) formuliert (Vecchi, Van Hasselt & Romano, 2005). Es umfasst fünf Stufen (Aktives Zuhören, Empathie, Rapport, Beeinflussung und Verhaltensänderung) und ist ausgerichtet auf Verhandlungssituationen, in denen das polizeiliche Gegenüber entweder wenig rational agiert und von seinen Emotionen beherrscht wird und/oder anderen Personen und damit auch speziell den Verhandelnden wenig oder gar nicht vertraut (Vecchi, Wong, Wong & Markey, 2019). Das BISM stellt dann einen Ansatz dar, das Gegenüber in einen eher rational geprägten Zustand zu führen und/oder sich als vertrauenswürdig darzustellen. Dabei bietet das BISM Stufen an, auf denen das Ziel der Verhandlung erreicht werden kann. Zunächst wird durch aktives Zuhören ein Verständnis für das Verhandlungsgegenüber und seine Situation aufgebaut. Darauf aufbauend wird versucht, eine Beziehung zum Gegenüber herzustellen, in dem weiter aktiv zugehört und Empathie gezeigt wird. Damit soll das Vertrauen des Verhandlungsgegenübers gewonnen werden. Erst auf dem Verständnis und dem errungenen Vertrauen aufbauend wird dann auf inhaltliche Themen eingegangen und versucht, das Verhalten des Gegenübers zu beeinflussen. Grundlegend sind also Beziehung zum Gegenüber und ein Verständnis für seine Lage.

2.5.2 S.A.F.E. Model

Die Bezeichnung S.A.F.E. (Hammer, 2008; vgl. auch die empirische Prüfung von Weßel-Therhorn, 2011) steht für ein Akronym, das vier wesentliche Perspektiven (Bezugsrahmen sog. „frames“) bei Verhandlungen zwischen Täter*innen und Verhandler*innen aufzählt. (Bilsky, Niehaus & Groote, 2008). Das Modell soll Verhandler*innen helfen, Aspekte dieser vier Perspektiven zu identifizieren, damit diese in der Verhandlung berücksichtigt werden können. Das „S“ steht für den „Substantive (demand) frame“ und umfasst die konkreten inhaltlichen Forderungen bzw. Ziele der Verhandlungen. Das „A“ steht für den „Attunement frame“ und bezieht sich auf die Beziehung der Interaktionspartner*innen. Hier ist der Aufbau von Vertrauen und einer kommunikativen Beziehung wesentlich. Analog zu Watzlawicks kommunikativen Störungen erfahren auch Verhandlungen Störungen, wenn die beiden Parteien nicht kompatibel miteinander kommunizieren, wenn eine Person bzgl. der Forderungen argumentiert und die andere Person dies aber unter Beziehungsgesichtspunkten interpretiert. In diesem Falle eskaliert die Lage. Das „F“ (Face frame) bezieht sich auf die soziale Identität und stellt ebenso einen wesentlichen Aspekt dar. Hier geht es einerseits um das Selbstbild, andererseits um das Bild, welches man bei anderen hervorrufen will, also Ansehen, Status, und Reputation. Aspekte in der Verhandlung, welche einen Gesichtsverlust darstellen können, also die soziale Identität anders erscheinen lassen könnten, als dies der/die Verhandlungspartner*in wünscht, können gravierende eskalierende Folgen haben. *„Die Gesichtswahrung [ist] eine wesentliche Voraussetzung für den friedlichen Ausgang eines Konflikts [...] und die Nichtberücksichtigung dieses Sachverhalts durch den Verhandler [kann] fatale Folgen für den Ausgang der Verhandlungen haben*" (Bilsky, Niehaus & Groote, 2008, S. 271). Der Buchstabe „E" steht für den „Emotional frame", also den emotionalen Rahmen.

Das S.A.F.E.-Modell propagiert drei Stufen. Auf der ersten Stufe muss zunächst der bevorzugte Bezugsrahmen des polizeilichen Gegenübers herausgefunden werden. Auf der zweiten Stufe passen Verhandler*innen ihre Kommunikation an diesen Bezugsrahmen an. Auf Stufe drei kann dann vorsichtig der Bezugsrahmen gewechselt werden, um eine friedliche Lagelösung herbeizuführen.

2.5.3 Structured Tactical Engagement Process (STEPS)

Das Modell des Structured Tactical Engagement Process (STEPS) ist ein flexibles Modell und bietet einen Rahmen für das Verstehen von Verhaltensweisen einer Person, die sich verbarrikadiert hat, sowie die Einflussnahme auf sie mit dem Ziel einer friedlichen Lagelösung ohne den Einsatz von Gewalt (Kelln & McMurtry, 2007). Es geht davon aus, dass zahlreiche sehr unterschiedliche Lagen für polizeiliche Verhandlungen existieren und deshalb nicht für alle erdenklichen Szenarien Verhandlungsstrategien und Lösungswege vorgeplant und geübt werden können. Deshalb möchte STEPS auf vielerlei Situationen anwendbar sein. STEPS sieht eine polizeiliche Lage als ein Verhaltensproblem, bei dem das polizeiliche Gegenüber mit Hilfe der Verhandler das Stufenmodel durchläuft und dabei die Motivation entwickelt und sich verpflichtet (commitment), friedlich aufzugeben. Die vier Stufen sind mit Erkennungsmerkmalen (subject indicators), empfohlenen Verhandlungsstrategien sowie dem vorrangigen Kommunikationsfluss spezifiziert (Kelln & McMurtry, 2007). Stufe 0 ist das Vorstadium (pre-contemplation). Das polizeiliche Gegenüber ist sich nicht im Klaren, dass es die Situation nicht (mehr) kontrolliert und im Griff hat. Es ist verärgert und widerwillig, unkooperativ und möglicherweise unrealistisch im Denken. Mit ihm diskutieren zu wollen, eskaliert die Situation weiter. Durch aktives Zuhören und Empathie können die Verhandler*innen aber eine Beziehung zur Person aufbauen. Die Verhandler nehmen eher eine zuhörende, nicht direktive Rolle ein. Auf Stufe 1 kommt es zum Nachdenken (contemplation). Das polizeiliche Gegenüber erkennt seine Lage nun eher und ist verängstigt aufgrund der subjektiven Ausweglosigkeit. Die Verhandler unterstützen die Person bei ihrer Überlegung eines friedlichen Ausganges, indem sie sie ermutigen, ihr Handeln und die Situation zu bewerten. Die Verhandler sind dabei vor allem kooperativ. Auf Stufe 2 kommt es zur Vorbereitung (preparation) des Aufgebens. Schwerpunkt dieser Stufe ist die Umsetzung der Aufgabe. Es findet eine Abwägung möglicher Optionen statt. Gesichtswahrung kann hier eine Rolle spielen. Die Verhandler übernehmen in dieser Stufe eine deutlich aktivere und direktivere Rolle als in den Stufen zuvor. Die Stufe 3 beinhaltet das Handeln (action). Bei der Umsetzung der Aufgabe unterstützen die Verhandler und schützen vor „Rückfällen“ und „kalten Füßen“ des polizeilichen Gegenübers.

3 Anwendungsbereich des Modells

Deeskalation ist ein Begriff, der zunehmend an Aktualität und Bedeutung gewinnt. Polizeilich wurde er in Deutschland über lange Jahre vor allem im Bereich von Großeinsätzen wie Demonstrationen, Versammlungen oder anderen Massensituationen (z. B. Neutzler & Schenk 2011; Remke, 2011; Kubera & Fuchs, 2011; Schenk, Singer & Neutzler, 2012; Brunsch, 2013; Remke & Marx, 2016) gesehen. Hier wurden Konzepte zu taktischer Kommunikation bei Großeinsätzen entwickelt. Zentrale Elemente sind dabei ernsthafte Gespräche mit dem Bemühen um nachhaltige Lösungen, fairer und transparenter Umgang miteinander und die Vermittlung von Glaubwürdigkeit und Verlässlichkeit der Polizei. Ein wesentliches Ziel besteht in der Beeinflussung von Emotionen und Verhalten einer Menschenmenge, um einen friedfertigen und sicheren Verlauf zu erreichen (Remke & Marx, 2016). Dort wird also mit einer mehr oder minder großen Anzahl von Menschen teilweise distanziert (über Lautsprecher), aber auch persönlich (durch speziell geschulte und instruierte Kommunikator*innen) interagiert. In Alltagseinsätzen von Streifenteams unterscheiden sich die Rahmenbedingungen. Als Alltagseinsätze werden alle Arten von Einsätzen verstanden, die Streifenteams ohne jegliche Spezialisierungen, alltäglich und mehr oder minder routiniert bearbeiten. Dies sind z. B. Einsätze im Rahmen von häuslicher Gewalt, Bearbeitung von Verkehrsunfällen und -delikten, alle möglichen Arten von Streitschlichtungen, repressive Maßnahmen bei Straftaten, Prävention und Behebung von Störungen usw. Hier finden sich vor allem direkte Interaktionen (face-to-face) zwischen zwei oder drei Personen. Auch sind die Anlässe und emotionalen Zustände regelmäßig anders als bei Menschenmengen und -massen. Diese Alltagseinsätze sollen auch abgegrenzt werden zu Einsätzen mit intensiv dafür geschulten Spezialkräften, wie Verhandlungsgruppen (Brisach et al., 2001; Weßel-Therhorn, 2011; Friebel & Paulus, 2023; Grubb, 2023b) und Kriseninterventionsteams (Compton et al., 2014; Steadman & Morissette, 2016; Oliva, Morgan & Compton, 2010). Obwohl Einsätze im Zusammenhang mit psychisch kranken Personen mehr oder minder regelmäßig im alltäglichen Polizeidienst vorkommen (Wittmann & Posch, 2023), ist das hier vorliegende Modell nicht spezifisch auf diese Zielgruppe zugeschnitten. Für den Umgang mit psychisch Erkrankten ist ein vertieftes Verständnis für ihre Besonderheiten erforderlich (Biedermann, 2020; Wittmann & Posch, 2023). KODIAK hingegen hat einen eher grundlegenden Anspruch. Es kann aber als Basis für den Umgang mit dieser Personengruppe dienen.

Anwendungsbereich von KODIAK:

Das hier vorgestellte Modell zur Deeskalation versteht sich als Basis-Modell für alltägliche Einsätze im Rahmen des Routinedienstes von Streifenpolizist*innen ohne Spezialisierung.

4 Axiomatische Annahmen des Modells

In den vorherigen Ausführungen wurden zahlreiche Aspekte und Grundlagen des Modells versucht zu beschreiben, zu erklären und auch zu begründen. Aus diesen ergeben sich sechs Grundannahmen bzw. sind diese Teile des Selbstverständnisses und der Voraussetzungen.

4.1 Maximal mögliche Gewaltfreiheit

Neben dem Leitfaden 371 zur Eigensicherung, der Polizeidienstvorschrift 100, den Leitbildern vieler Polizeiorganisationen sowie dem Ziel der bürgerorientierten Polizeiarbeit gebieten die Ethik, die Menschenrechte und eine moderne Zivilisation, dass Konflikte immer gewaltfrei zu lösen sind, wenn dies möglich ist. Dies meint, dass auch erhöhte Anstrengungen und Risiken zu ertragen sind, um eine Gewaltanwendung zu verhindern. Es beinhaltet aber auch die Ausnahme, dass nicht alle Konflikte gewaltfrei geregelt werden können. Dies wird nicht ignoriert, sondern fließt sogar in Axiom 2 ein, denn dieses umfasst auch die Vermeidung des Einsatzes von Gewalt gegen Polizeibeamte. Maximal meint dabei, was maximal möglich ist, und darf nicht mit absoluter Gewaltfreiheit verwechselt werden, bei der keinerlei Gewalt eingesetzt wird. Eine gewaltfreie bzw. gewaltarme, kommunikative Lösung eines Konfliktes ist auch unter Akzeptanz eines Mehraufwandes anzustreben, und es ist nur dann Gewalt anzuwenden, wenn sie sich trotz massiver Anstrengung nicht vermeiden lässt. Die Kompetenz und das Recht zur Gewaltausübung der Polizei bleibt dabei bestehen und wird als notwendiger Teil der Polizei angesehen und ist Voraussetzung für ein Deeskalieren aus einer Position der Stärke heraus (siehe Axiom 2).

Axiom 1: maximale Gewaltfreiheit als polizeiliches Ziel

Ziel jeglichen Einsatzhandelns ist die Vermeidung des Einsatzes von Gewalt oder zumindest die Minimierung der Gewaltintensität, auch unter Inkaufnahme eines Mehraufwandes.

4.2 Eigensicherung als Basis polizeilicher Deeskalation

Ein wesentliches Missverständnis der polizeilichen Deeskalation ist die Verwechslung von Deeskalation mit Schwäche. Deeskalation heißt nicht Erdulden von Übergriffen und Präsentieren von Chancen und Gelegenheiten zu einem Angriff auf die Polizeibeamt*innen. Vielmehr setzt das Deeskalieren Eigensicherung voraus: Ohne ein akzeptables Maß an Sicherheit kann keine Deeskalation stattfinden, denn das Axiom 1 der maximalen Gewaltfreiheit gilt für beide Seiten der Interaktion in polizeilichen Alltagseinsätzen. Damit Deeskalation aus einer Position der Stärke möglich ist, muss ein gewisses Maß an Sicherheit für die eingesetzten Polizist*innen herrschen. Todak und White (2019) sehen in diesem Sinne in einem Deeskalationstraining, welches den Gewalteinsatz durch die Polizei reduziert und gleichzeitig Polizeibeamt*innen sowie Bürger*innen keiner höheren Gefahr aussetzt, einen sehr bedeutsamen Schritt in die Zukunft der Polizei.

Axiom 2: Eigensicherung als Basis polizeilicher Deeskalation

Grundlage für die Deeskalation ist Eigensicherung. Dabei resultiert aus dem Ziel der maximalen Gewaltfreiheit ein Maß an Sicherheit für alle Beteiligten.

4.3 Deeskalation als stetiger Teil polizeilicher Interaktion

Analog und in Erweiterung zum ersten Axiom von Watzlawick et al. (2011) „*man kann nicht nicht-kommunizieren*“ wird postuliert, dass polizeiliche Interaktion stets auch mit Eskalation und Deeskalation verbunden ist. Es gibt demnach kein kommunikatives Handeln eines/einer Polizeibeamt*in, dass nicht gleichzeitig auch den Konfliktverlauf beeinflusst. Da eine gewaltfreie Konfliktlösung angestrebt werden soll, sollte polizeiliche Kommunikation in konflikthaften Situationen stets deeskalierend ausgerichtet sein. Man kann also in einer polizeilichen Interaktion nicht erst nach einiger Zeit mit Deeskalation anfangen, sondern diese hat mit der Kontaktaufnahme einzusetzen.

Axiom 3: polizeiliche Interaktion beinhaltet stets (De-)Eskalation

Polizeiliche Interaktion wirkt sich ab der ersten Kontaktaufnahme auf den eskalativen Status der Interaktion aus. Eskalation oder Deeskalation setzen also unmittelbar bei Beginn einer Interaktion (Kontaktaufnahme) ein und finden während der gesamten Interaktion immer statt.

4.4 Zielgerichtetheit polizeilichen Handelns

Polizeibeamt*innen sollten stets mit einem polizeilichen Ziel agieren (und nicht ausgerichtet auf persönliche Ziele). Ihr Verhalten ist nicht zufällig und spontan, sondern sie organisieren ihr Handeln stets so, dass ein polizeiliches Ziel verfolgt und auch erreicht wird. Dabei existieren auf dem Weg zum polizeilichen Einsatzziel Zwischenziele (=Zielsystem oder Zielhierarchie).

Axiom 4: polizeiliches Handeln ist zielgerichtet

Polizeibeamt*innen verfolgen Einsatzziele und richten ihr Handeln danach aus, dass sie diese bzw. Zwischenziele erreichen.

4.5 Polizeiliche Handlungsverantwortung

Polizeibeamt*innen werden häufig als Konfliktprofis angesehen. Dies gilt nicht nur für ihre Kompetenz, sondern auch für ihre Verantwortung. Als die Berufsgruppe, welche genau für entsprechende Konflikte und Situationen installiert ist, sind sie verantwortlich für den Verlauf. Dies meint nicht, dass sie am Ausgang eines solchen Einsatzes Schuld haben (=verantwortlich), sondern für sie die Pflicht besteht, verantwortungsvoll zu handeln und die Lage so zu steuern, dass sie möglichst gewaltfrei gelöst wird. Dies beinhaltet, dass sie nicht allein auf das Handeln ihres Gegenübers reagieren und im Sinne des 3. Axioms von Watzlawick (Kommunikation ist immer Ursache und Wirkung; Watzlawick et al., 2011) die Ursache des eigenen Handelns im Handeln des Gegenübers sehen und sich so rechtfertigen. Vielmehr sollen sie versuchen, die Situation aktiv zu steuern und wiederholt ein Verhalten zeigen, welches das Gegenüber als Anlass nehmen kann, einzulenken. Dies meint im Sinne der Spieltheorie, nicht reaktiv auf der Strategie des kompetitiven Spielens zu beharren, sondern immer wieder initial eine kooperative Spielvariante zu versuchen, auch wenn dies bereits zuvor gescheitert ist. Ebenso sollen Polizeibeamt*innen versuchen, die Rationalität zu bewahren und Verantwortung für das Gegenüber zu übernehmen, um auch dieses im Rahmen des Möglichen zu schützen und ihm zu helfen. Es sind also keine „Auge um Auge"- oder „wie du mir, so ich dir"-Strategien angebracht, sondern viel eher Verzeihen und Vorleistung. Dies stellt die Polizeibeamt*innen nicht als naive Personen dar, sondern als starke Profis, die aus einer Position der Stärke und Macht heraus nachsichtig Konfliktsituationen lösen.

Axiom 5: polizeiliche Handlungsverantwortung

Polizeibeamt*innen versuchen wiederholt mit Mitteln der Deeskalation initiativ Konflikte zu lösen und hoffen nicht reaktiv-passiv abwartend auf ein Einlenken.

4.6 Verantwortung der Polizeiorganisation

Professionelles polizeiliches Handeln muss erlernt und trainiert werden. Erwartet eine Gesellschaft und in Konsequenz die von ihr dafür eingerichtete Organisation der Polizei, dass Polizeibeamt*innen den oben genannten Axiomen folgen, muss sie auch dafür sorgen, dass die Polizeibeamt*innen über die entsprechenden Kompetenzen verfügen. Dies bedeutet, dass die Polizeiorganisation u. a. durch Aus- und Fortbildung im Bereich Deeskalation wie auch im Bereich des unmittelbarem Zwanges (körperliche Gewalt, Einsatz von Hilfsmitteln der körperlichen Gewalt, Einsatz von Waffen) Polizeibeamt*innen qualifiziert und umfassend trainiert. Ebenso ist in Personalauswahl und Ausstattung auf diese Axiome Bezug zu nehmen.

Axiom 6: Verantwortung der Polizeiorganisation

Die Organisation Polizei hat die Verpflichtung, Polizeibeamt*innen durch Auswahl, Ausstattung und Aus- und Fortbildung in die Lage zu versetzen, nach den obigen Axiomen zu handeln.

5 Deeskalationstechniken und -strategien

Durchsucht man die Literatur nach Techniken und Strategien zur Deeskalation, finden sich zahlreiche Ansätze, bei denen meist nicht explizit nach Strategie, Taktik und Technik unterschieden wird. Vielmehr werden diese Begriffe regelmäßig synonym verwendet. So wird im Nachfolgenden dies zunächst beibehalten und erst anschließend bei der Modellierung entsprechend unterschieden. Insgesamt lassen sich die verschiedenen Ansätze auch empirisch finden und grob kategorisieren (siehe Tabelle 1).

Weniger aus dem Kommunikationsbereich, sondern eher aus der Aggressionsforschung können verschiedene dort etablierte Theorien die Basis von Deeskalation darstellen (Roberton, Daffern, Thomas & Martin, 2012; Ayhan & Hicdurmaz, 2020). Denn wenn Deeskalation Aggression vermeiden oder vermindern soll, dann lassen sich Ansätze direkt aus den Aggressionstheorien (Nolting, 2005; Allen, Anderson & Bushman, 2018) bzw. aus einem zusammenfassendem Prozessmodell der Entstehung und Verhinderung aggressiven Verhaltens (Sticher, 2016) ableiten. Deeskalation ist dann die Hemmung der Entstehung, das Bremsen der Intensivierung und die Umkehr des eskalierenden Sich-auf-schaukelns von Aggression und Gewalt. Hier kann z. B. eine Ablenkung vom Auslöser der Aggression helfen. Ausgehend von der Frustrations-Aggressions-Theorie und ihrer Folgemodelle (Dollard et al., 1939 & Berkowitz, 1989) sollte das Vermeiden von Frustration und Provokation deeskalierend wirken. Dies macht bei polizeilichen Maßnahmen die Transparenz und das Erklären von Maßnahmen erforderlich (vgl. Sticher, 2016), da Polizei regelmäßig vom Gegenüber Verhalten fordert, welches dieses nicht freiwillig zeigen möchte. So weisen Personen, die Einsatzkräfte angegriffen haben, darauf hin, dass sie aufgrund einer fehlenden Transparenz für die Maßnahmen gegen sie übergriffig wurden (Fecher, Leuschner & Lutz, 2023). Dabei gilt, dass die empfundene Fairness bei solchen Konflikten sehr wichtig ist, selbst wenn das Polizeigegenüber für eine Ordnungswidrigkeit oder Gesetzesübertretung zur Verantwortung gezogen wird (Tyler & Folger, 1980). Tyler und Folger (1980) schlussfolgern, dass eine faire Behandlung durch die Polizei den Eindruck negativer Folgen dieses Kontaktes, z. B. in Form einer Bestrafung, reduzieren kann. Fair meint dabei, dass Maßnahmen einleuchtend und transparent begründet werden. Unfair hingegen wirkt, wenn scheinbar weniger sachliche Gründe für eine polizeiliche Maßnahme vorliegen und die Maßnahme willkürlich oder feindselig erscheint. Fairness ist auch, was sich psychisch Kranke für Polizeikontakte wünschen (Wittmann & Posch, 2023). Transparenz bei Maßnahmen kann demnach als eine der zentralen Deeskalationsstrategien angesehen werden (Pfeiffer, 2014; Zaiser & Staller, 2015). Diesen Ansatz verfolgt ebenso die taktische Kommunikation (Neutzler & Schenk, 2011; Kubera & Fuchs, 2011; Schenk et al., 2012). Schmalzl (2012) bezeichnet dies sogar als den Königsweg der Deeskalation. Ebensolche Transparenz meint Temme (2011), wenn er von berechenbarem Handeln als Deeskalationsmaßnahme spricht. Er sieht dies als gegeben, wenn Maßnahmen angekündigt, durchgeführt und erklärt werden. Es geht um das Erklären und Begründen; auf Fragen des Gegenübers sollte eingegangen werden; es sollte deutlich gemacht werden, welche Verhaltensweisen man vom anderen erwartet; dem polizeilichen Gegenüber sollte das polizeiliche Verhalten erklärt werden; dabei sollen Folgen der Handlungen des „Gegenübers" erläutert werden, ohne zu drohen (Richmond et al., 2012; Todak & James, 2018).

Kritik erzeugt ebenso Frustration. Ist aber negatives Feedback erforderlich, so kann es hilfreich sein, nur das Verhalten einer Person zu kritisieren und nicht die Person selbst (Hallenberger, 2014a; Werdes, 2014). Lässt es sich nicht vermeiden, das polizeiliche Gegenüber zu frustieren, so kann zumindest Unterstützung angeboten werden, um diese abzumildern. Das Aufzeigen von Lösungen und Hilfen kann mildernd wirken. Dabei kann Akzeptanz Lösungen schaffen, wenn diese als Angebot gemacht werden, durch Fragen Lösungsvorschläge des Gegenübers erfahren werden, eine Auswahl an Lösungsalternativen geboten werden und dieses an Entscheidungen beteiligt wird bzw. ihm eine Wahl gelassen wird (Zaiser & Staller, 2015; Price & Baker, 2012; Richmond et al., 2012). Akzeptanz wird auch geschaffen, wenn Kompromisse zugelassen werden (Todak & James, 2018; Todak & White, 2019; White, Mora &

Orosco, 2019; Tränkle, 2020). Regelmäßig werden Maßnahmen nämlich eher akzeptiert, wenn die verschiedenen Parteien an der Entwicklung dieser beteiligt sind, auswählen dürfen oder diese Lösungen sogar selbst vorschlagen. Umgekehrt kann Widerstand gegen eine Entscheidung oder Maßnahme im Sinne von Reaktanz (Brehm, 1966; speziell für Polizeibeamt*innen Pfeiffer, 2012) auftreten, wenn man einer Partei keine Freiheit bzgl. der Entscheidung oder Wahl von Alternativen lässt. Ähnlich sieht es Schmidt (2007) als Ziel bei polizeilichen Maßnahmen zur Deeskalation an, dass beim Gegenüber ein Kontrollgefühl erhalten bleibt. Gemeint ist, dass das Gegenüber noch der Ansicht ist, über die Situation und den weiteren Verlauf Kontrolle zu haben bzw. dass es einen Einfluss auf den weiteren Verlauf besitzt. Fühlt das Gegenüber sich dem Willen anderer ausgeliefert, hier vor allem der Polizei, würde dies dazu anregen, die Kontrolle wieder zurückzugewinnen – notfalls auch mit Gewalt.

Aggression wird mitunter auch instrumentell eingesetzt. Die Androhung von Gewalt ist dann nur Mittel zum Zweck. Kann man alternative Wege zur Zielerreichung beschreiben, welche Gewalt unnötig machen, so erhöht dies die Chance auf Gewaltlosigkeit. Ebenso sollten erwünschte Verhaltensweisen klar kommuniziert werden. Wesentlich ist eine Sachlichkeit. Dies beinhaltet eine wertungsfreie bzw. wertungsarme Ausdrucksweise, das Vermeiden von Vorwürfen sowie der professionelle Umgang mit Provokationen und keine Schuldzuweisungen, sondern eine Lösungsorientierung (also eine Fokussierung auf „was können wir tun" und nicht auf „warum hast du"). Dies kann mittels Ich-Botschaften (vgl. Hallenberger, 2014a) und durch gute Begründungen und nachvollziehbares Formulieren unterstützt werden.

Frustrierend kann für das polizeiliche Gegenüber auch sein, die polizeilichen Kommunikationsansätze nicht richtig zu verstehen und damit überfordert zu sein. Die Kommunikation muss deshalb zielgruppenadäquat sein. Die Information muss verständlich sein (Schmidt, 2007). Amtssprache kann hier hinderlich sein. Auch darf nicht erwartet werden, dass das polizeiliche Gegenüber über detaillierte Rechtskenntnisse verfügt. Es ist erforderlich, das Sprachniveau entsprechend zu wählen und das Niveau, den Satzbau und die Informationsmenge an das Gegenüber anzupassen, um es nicht zu überfordern, und ihm Zeit zu geben, um Gehörtes zu verstehen und umzusetzen (Richmond et al., 2012; Ayhan & Hicdurmaz, 2020; Todak & James, 2018; Todak & White, 2019; White et al., 2019). Dies wird weiter unten auch als Aspekt des taktischen Zeitmanagements beschrieben.

Die Theorie des sozialen Lernens nach Bandura (1971) (Lernen durch Nachahmen, Imitationslernen) legt nahe, dass der/die handelnde Polizeibeamt*in selbst eine wichtige Vorbildfunktion hat. Sein/Ihr Umgang mit Aggressionen kann negative wie positive Folgen haben. Wirkt er/sie aufgeregt und aggressiv, so kann dies als Modell für das Gegenüber dienen. Umgekehrt wirkt es auch vorbildhaft, wenn er/sie selbst ruhig bleibt (vgl. auch Sticher, 2016). So sollte er/sie sich z. B. durch Provokationen nicht aus der Ruhe bringen lassen, sondern besonnen damit umgehen. Solchen Provokationen sind Polizeibeamt*innen häufig ausgesetzt. Studien fanden, dass die besten polizeilichen Reaktionen auf Provokationen Begründungen und Erklärungen sind (Hermanutz & Spöcker, 2007; Hermanutz, 2014). Dies entspricht in gewisser Weise der Kommunikation zur Herstellung von Transparenz. Nicht auf die Provokation zu antworten oder selbst witzige Antworten zu geben oder sogar überheblich zu sein, erwies sich als inadäquat (Hermanutz & Spöcker, 2012; Hermanutz, 2014). Die richtige Reaktion von Polizeibeamt*innen auf Provokationen ist, nicht selbst provozierend darauf einzugehen und sich nicht auf dieses „Spielchen" einzulassen.

In diesem Zusammenhang zeigt sich die hohe Bedeutung des Stressmanagements. Schmidt (2007) sieht die Senkung des Erregungsniveaus als erstes polizeiliches Interventionsziel zur Deeskalation an. Diese sollte auf beiden Seiten stattfinden (Richter, 2006; Price & Baker, 2012; Richmond et al., 2012; Todak & James, 2018; White et al., 2019; Pfeiffer, 2014). Hierbei ist insbesondere auch die Kontrolle der eigenen Emotionen und Erregung wichtig (Richmond et al., 2012; Ayhan & Hicdurmaz, 2020; Todak & White, 2019; Hücker, 2017; Sticher, 2022; Jaccard & Cojean, 2023). Der/Die Polizist*in muss in einer angespannten und mehr oder minder stressigen Situation (relativ) entspannt sein und damit Ruhe und eine aufmerksame Situationskontrolle ausstrahlen (Grubb, 2023a). Beruhigend wirkt, wenn man ruhig und gelassen mit dem Gegenüber spricht, dem anderen auch Raum und Zeit für emotionale Erleichterung gibt (z. B. schreien lassen), sich Zeit nimmt. Da Aggression häufig auch mit massiver körperlicher Erregung verbunden ist, wirken entspannende Maßnahmen auch deeskalierend. Dutschmann (2003) beschreibt einen Aggressions-Typ, für den Erregung kennzeichnend ist. Reduktion von Erregung ist damit zentraler Aspekt der Deeskalation. Kurzfristige Entspannungsmethoden wie eine Atementspannung können helfen, das eigene Stressniveau zu senken und wirken gleichzeitig entspannend auf das Gegenüber. Eine Entschleunigung der Situation, das Ausschalten von zusätzlichen Stressoren sowie das Gewähren von Pausen bringt Ruhe (Zaiser, Staller & Koerner, 2021; Pontzer, 2021). Ähnlich sinnvoll ist es, dem Gegenüber bei der Ärgerbewältigung zu helfen (Richter, 2006). In diesem Zusammenhang ist auch die Geduld ein wichtiger Aspekt, wie viele Einsatzkräfte berichten (Herr, Leuschner, Jaroschek, Balaneskovic, Niewöhner & Lorei, 2023). Geduldig mit dem Gegenüber umzugehen, sich Zeit nehmen und es mehrfach erneut zu probieren, kann wesentlich sein (Mangold, 2011; Richmond et al., 2012; White et al., 2019; Tränkle, 2020). Für die besondere Situation von psychisch kranken Menschen, deren Kommunikationsfähigkeit beeinträchtigt sein kann, ist Geduld ebenso ein entscheidender Faktor (Wittmann & Posch, 2023). Van Reemst, Fischer und Weerman (2022) fanden, dass Geduld im Zusammenhang mit Gewalterfahrung und Gewaltausübung bei Polizeibeamt*innen steht: Weniger Gewalt war mit mehr Geduld im Umgang mit Bürger*innen assoziiert.

Geduld steht mit dem Zeitmanagement in Einsätzen in Zusammenhang. Zeit kann nämlich häufig ein mehr oder minder wichtigen Faktor für den Verlauf sowie den Ausgang der Interaktion sein. Häufig scheinen Polizeibeamt*innen dabei sehr stark unter Zeitdruck zu stehen, weil einerseits nach dem aktuellen Einsatz möglicherweise bereits der nächste wartet. Andererseits kann man auch beobachten, dass Polizeibeamt*innen häufig Situationen schnell „stabilisieren“ und unter Kontrolle bringen wollen, dem sogenannten „Action Bias“ (Zaiser, Staller & Koerner, 2023). Dies ist aber weder immer möglich noch unter Gesichtspunkten der Deeskalation auch das taktisch geschickteste Vorgehen. Zeit kann und muss mitunter auch taktisch eingesetzt werden (taktisches Zeitmanagement), was wiederum Geduld, Selbstkontrolle und auch der Fähigkeit zum Belohnungsaufschub (Mischel, 2015; Trommsdorff, Haag & List, 1979) erfordert.

Zeitmanagement ist aber auch deshalb erforderlich, da verschiedene Handlungen und Handlungsfolgen in Interaktionen Zeit erfordern. Wenn man diese Zeit nicht gewährt, können sie nicht stattfinden. So benötigt die Herzfrequenz einen bestimmten Zeitraum, um nach einer Belastung mit deutlichem Anstieg des Pulses wieder in den Normalbereich oder in die Nähe davon abzusinken. Nach Ende der körperlichen Belastung fällt der Puls je nach Trainingszustand des Sportlers und vorherigem Belastungsgrad und wird dann als Erholungspuls bezeichnet (Aigner, Ledl-Kurkowski & Salzmann, 2005). Bei gesunden männlichen Freizeitsportlern mittleren Alters (37 - 69 Jahre) sinkt nach einer Belastung mit einem Puls im Mittel von 156 nach einer Minute Erholung der Puls um 43 auf im Mittel ca. 113 Schläge pro Minute (Aigner, Ledl-Kurkowski & Salzmann, 2005). Bei Frauen ist dies ähnlich (Aigner, Ledl-Kurkowski & Salzmann, 2005). Gewährt man dem Körper keine Zeit für Erholung, ist die Herzfrequenz weiterhin erhöht und die Leistungsfähigkeit mitunter beeinträchtigt. Ähnliches bzw. Vergleichbares, also die Erforderlichkeit von Erholungszeiten, gilt nicht nur für körperliche Belastung durch z. B. Sport, sondern auch bei Aufregung und Stress (Reid, 1990; Shcheslavskaya, Burg, McKinley, Schwartz, Gerin, Ryff, Weinstein, Seeman & Sloan, 2010). Mitunter fällt hier die Erholung schwerer, da z. B. die Ängstlichkeit (Roger& Jamieson, 1988; Jamieson & Minthorn-Biggs, 1989) diese moderiert oder auch Grübeln (Jamieson & Kaszor, 1986) verhindert, dass der Stresslevel schnell sinkt. Auch scheint die Erholungsgeschwindigkeit vom persönlichen Stil des Umgangs mit Ärger abhängig zu sein (Jamieson & Minthorn-Biggs, 1989; Lai & Linden,1989; Suchday, Carter, Ewart, Larkin & Desiderato, 2004). Unabhängig von individuellen Unterschieden, benötigt eine hoch erregte Person also Zeit, um sich zu beruhigen (psychologisch wie physiologisch). Je weniger man ihr diese Zeit gibt, desto eher wird sie sich wieder aufregen und desto weniger ist sie auch für rationale Erwägungen oder vernünftige Interaktion zugängig. Taktisches Zeitmanagement berücksichtigt dies und gewährt in Deeskalationssituationen dem Gegenüber ausreichend Zeit.

Ähnlich ist es mit verschiedenen kognitiven Operationen. Soll eine Person eine Entscheidung treffen, noch dazu eine mit erheblichen Konsequenzen, erfordert dies Zeit, abzuwägen und sich festzulegen. Eine Aufforderung, sich zu entscheiden oder über etwas nachzudenken, muss entsprechend auch den anschließenden notwendigen Zeitraum gewähren. Hier vorschnell auf Entscheidung zu drängen, kann Deeskalationszwischenziele (z. B. Beziehung, Beruhigung) gefährden. Ebensolches gilt auch für einfaches Verstehen von Aussagen oder Aufforderungen. Hier ist ebenso mit einer Reaktionszeit zu rechnen. Die Aufforderung, sich an die Wand zu stellen, einen Gegenstand fallen zu lassen oder stehen zu bleiben, benötigt das Hören dieser Nachricht (was allein in einer hochstressigen und womöglich lauten Situation schon fraglich sein kann), das Verstehen des Inhaltes, die Entscheidung dieser Aufforderung zu folgen sowie die motorische Umsetzung. Diesen Vorgang erleben wir im Alltag zwar als selbstverständlich, unter Zeitdruck und Hochstress durch z. B. eine Gefahr, kann der erforderliche Zeitraum dafür aber deutlich verlängert und als subjektiv „zu lange“ erscheinen. Taktisches Zeitmanagement berücksichtigt dies und gewährt in Deeskalationssituationen dem Gegenüber auch hierfür ausreichend Zeit. Dabei meint ausreichend das Zeitintervall, welches das Gegenüber benötigt, und nicht die Zeitspanne, die gefühlt „aushaltbar“ ist.

Aggressives Verhalten kann auch verhindert werden, wenn die Hemmungen erhöht werden, dieses zu zeigen. Schmidt (2007) sieht dies als viertes globales Interventionsziel bei polizeilicher Deeskalation. Regelmäßig wird dabei auf das Aufzeigen von Konsequenzen gesetzt (Androhen von Gewalt, Strafe etc.). Hemmend wirkt aber auch, wenn Empathie für das potenzielle Opfer – die Polizist*innen – geweckt wird. Wird diese als Mensch erlebt und nicht als Instrument staatlicher Gewalt, so kann dies hemmen, Gewalt einzusetzen. Auf diesem Gedanken basieren auch verschiedene polizeiliche Kampagnen zur Reduktion von Angriffen auf Polizeibeamt*innen. Hier soll das Aufzeigen von Persönlichem bzw. Menschlichem gewaltverhindernd wirken, da es einem Dehumanisierungseffekt gemäß der Neutralisationstheorie entgegenwirkt. Hemmungen produzieren soll auch der Einsatz von Bodycams, bei dem einerseits das polizeiliche Gegenüber an die Konsequenzen seines Handelns und die mit der Videoaufnahme verbundene erhöhte Sanktionswahrscheinlichkeit erinnert wird, sowie dass die mit der Kamera eventuell verbundene Selbstwahrnehmung regulierend wirkt (Kißling, 2021).

Empathie für das polizeiliche Gegenüber ist eine wirkungsvolle Deeskalationsstrategie (Price & Baker, 2012; White et al., 2019; Sticher, 2016) und es wird von Polizeibeamten erwartet, empathisch zu handeln (Fecher, Leuschner & Lutz, 2023). Es sollten Bedürfnisse, Wünsche etc. des Gegenübers verstanden und herausgefunden werden (Richmond et al., 2012). Das Zeigen von Verständnis für die Emotion des Gegenübers oder sogar Mitleid mit dem Gegenüber zu haben und ihm Trost zu spenden, kann deeskalierend wirken. Übernahme der Perspektive des Gegenübers kann zentraler Ausgangspunkt für ein deeskalierendes Gespräch sein (Vecchi, Van Hasselt & Romano, 2005; Vecchi, Wong, Wong & Markey, 2019; Ayhan & Hicdurmaz, 2020; Pontzer, 2021; Todak & James, 2018; Todak & White, 2019; für psychisch Kranke: Wittmann & Posch, 2023). Neben dem Verständnis für das Gegenüber bzw. seine Lage, kann auch deeskalierend wirken, seine eigene Betroffenheit zu schildern. Wesentlich wirkt dies auch auf den Aufbau einer kommunikativen Beziehung. Beziehungsarbeit ist zentral bei der Deeskalation (Price & Baker, 2012) und Verhandlungen (Grubb, 2023a; Vecchi, Van Hasselt & Romano, 2005; Vecchi, Wong, Wong & Markey, 2019). Nach den grundlegenden Kommunikationstheorien von Watzlawick (Watzlawick et al., 2011) und Schulz von Thun (Schulz von Thun, 1981) spielt neben der Sachebene immer auch die Beziehungsebene eine entscheidende Rolle. Liegt bei einer Kommunikation auf der Beziehungsebene eine Störung oder ein Problem vor, ist eine „sachliche“ Kommunikation kaum möglich. Also bildet eine gute Beziehung zum oder zur Interaktionspartner*in die notwendige Grundlage für eine Deeskalation. Erst wenn diese passt, kann auf der Sachebene ein konstruktiver Informationsaustausch stattfinden. Auch die taktische Kommunikation bei Menschenansammlungen berücksichtigt dies. Hier wird nicht erst kommuniziert, wenn etwas „passiert", sondern es muss vor der eigentlichen Kommunikation eine Akzeptanz des Interaktionspartners „Polizei" aufgebaut werden (Schenk et al., 2012). Dies funktioniert nur, wenn vor einem kritischen Kommunikationsereignis bereits ein kommunikatives Kennenlernen stattgefunden hat. Dies ist nichts anderes als ein Beziehungsaufbau, auf dem dann der entsprechende Informationsaustausch glaubhaft stattfinden kann. Diese Beziehungsarbeit umfasst beispielsweise, sich mit Namen und Dienststelle vorzustellen, den anderen nach Namen, Situation etc. zu fragen, aufmerksam und aktiv zuzuhören, den Ablauf der Maßnahme zu erklären, Respekt zu zeigen und höflich zu sein, Smalltalk zu führen, sich hinsichtlich der nonverbalen Kommunikation an das Gegenüber anzupassen (sogenanntes Spiegeln). Gerade auch respektvolles, höfliches und freundliches Auftreten führe oft zu einem nachhaltigen positiven Verhalten des polizeilichen Gegenübers, berichten erfahrene Einsatzkräfte (Herr, Leuschner, Jaroschek, Balaneskovic, Niewöhner & Lorei, 2023). Umgekehrt wird ein unhöfliches Verhalten von Polizeibeamt*innen beim Gegenüber als eskalierend empfunden (Fecher, Leuschner & Lutz, 2023). Auch durch die Zustimmung zu Aspekten des Gesagten des Gegenübers kann man eine Beziehung zu ihm herstellen (Richmond et al., 2012). Ebenso kann der Aufbau einer kommunikativen Beziehung durch Aufzeigen von Gemeinsamkeiten und Ähnlichkeiten der Interaktionspartner*innen erfolgen. Wichtig ist es, den Blickkontakt aufrechtzuerhalten, vielleicht zu Beginn Smalltalk abzuhalten und insgesamt das Gespräch durch Fragenstellen am Laufen zu halten.

Immer wieder ist in solchen Situationen das Selbstwertgefühl, das Selbstbild, die soziale Identität oder das „Gesicht" (nach dem Begriff „face" der Face Negotiation Theory von Ting-Toomey, 2015) entscheidend. Das Erleben von Kränkungen oder Demütigung kann Auslöser oder Teil der Begründung für Übergriffe sein (Ting-Toomey, 2015; Steffes-enn, 2020; Fecher, Leuschner & Lutz, 2023; Jaccard & Cojean, 2023). Schmidt (2007) sieht den Erhalt des Selbstwertgefühls beim Gegenüber als drittes globales polizeiliches Interventionsziel zur Deeskalation an. Heyder (2016) baut in seinem Anti-Gewalt-Training sogar auf dem Selbstwertgefühl auf. Für ihn sind Selbstwertverletzungen häufige Aggressionsauslöser. Entsprechend gilt es, mit dem Selbstwert des Gegenübers sensibel umzugehen, um Gewalt zu vermeiden. So muss in Konflikten ein Gesichtsverlust bei allen Konfliktparteien vermieden werden (Price & Baker, 2012; Hücker, 2017; Jaccard & Cojean, 2023). Es muss dem Gegenüber die Möglichkeit zur „Gesichtswahrung“ belassen werden. Der Status des anderen sollte erhalten und respektiert werden. Es ist zu vermeiden, ihn/sie vor anderen zu blamieren, zu demütigen oder zu kränken (Steffesenn, 2020) oder einfach allgemein herablassend und geringschätzend zu agieren (Fecher, Leuschner & Lutz, 2023). Der Selbstwert des Gegenübers darf nicht angegriffen werden. Auch gilt dies, wenn z. B. eine Partei eventuell in der Sache einlenken würde, dabei aber befürchtet, Status, Respekt, Autorität oder Ähnliches – eben das Gesicht vor anderen oder sich selbst – zu verlieren. Maßnahmen, die der Gesichtswahrung dienen, sogenanntes „facework“ (Ting-Toomey, 2015), können entsprechend deeskalierend sein (Pfeiffer, 2014; Hücker, 2017). Dies kann erfordern, dass man Diskussionen mit dem Gegenüber nicht vor anderen führt, zu Kompromissen bereit ist, welche die Ehre, den Status oder Ähnliches des anderen bei für ihn/sie relevanten Personen erhalten. Selbstwert erhaltend ist es auch, wenn man höflich ist und Respekt zeigt. Gegenseitiger Respekt ist bei der Deeskalation extrem bedeutsam (Zaiser et al., 2021; Richter, 2006; Ayhan & Hicdurmaz, 2020; Todak & James, 2018; Todak & White, 2019; Tränkle, 2020; für psychisch Kranke: Wittmann & Posch, 2023; Fecher, Leuschner & Lutz, 2023). Es gilt höflich zu sein und Respekt zu zeigen, auf Fragen des Gegenübers einzugehen, sie/ihn ausreden zu lassen und am anderen und ihrer bzw. seiner Situation interessiert zu sein und dies zu zeigen. Dieses Interesse am Gegenüber und an seiner Situation zu signalisieren, dies auch nonverbal zu unterstützen, kann deeskalieren. Dies erfordert auch, sich bewusst für eine kommunikative Lösung zu entscheiden und eine gewaltfreie Lösung zu präferieren. Interesse wird auch durch Nachfragen signalisiert und dadurch, dass man den anderen auffordert, sich zu erklären und auf die Fragen des Gegenübers eingeht, ihn ausreden lässt und seine Argumente beachtet.

Eine der effektivsten Techniken, welche die eben genannten Aspekte umfassend berücksichtigt, ist das aktive Zuhören. Zuhören als Deeskalations- und Verhandlungstechnik ist als grundlegende Technik sehr verbreitet und sehr effektiv (White et al., 2019; Zaiser & Staller, 2015; Zaiser et al., 2021; Richter, 2006; Spielfogel & McMillen, 2017; Price & Baker, 2012; Mangold, 2011; Richmond et al., 2012; Ayhan & Hicdurmaz, 2020; Oliva et al., 2010; Todak & James, 2018; Todak & White, 2019; Grubb, 2023a; Vecchi, Van Hasselt & Romano, 2005; Vecchi, Wong, Wong & Markey, 2019). Dieses aktive Zuhören umfasst, dem Gegenüber zuzuhören, nachzufragen, das Gesagte in eigenen Worten zu wiederholen, Aufmerksamkeit zu signalisieren und auf Aussagen des anderen einzugehen sowie keine eigenen, voreiligen Schlüsse zu ziehen (vgl. Hallenberger, 2014b). Hermanutz (1995) fand entsprechend bei der Befragung von Bürger*innen nach einem Polizeikontakt, dass das Verhalten der kontrollierenden Beamt*innen entscheidend für die Beurteilung der Kontrolle aus Sicht des/der Bürger*in war. Die Beurteilung hing vor allem davon ab, inwieweit das polizeiliche Gegenüber sein Anliegen der Polizei ausführlich genug schildern konnte. Auch wurde bei einer Studie von Hermanutz und Spöcker (2012) die Erlaubnis, sich rechtfertigen zu dürfen, von Bürger*innen positiv beurteilt. Es ist also notwendig, dass das Gegenüber das Gefühl bekommt, dass sein Anliegen, seine Position und seine Interessen gehört und berücksichtigt werden. Um dies zu gewährleisten, ist Zuhören wichtig. Zugleich kann man mit Zuhören auch erfahren, welche Gründe, Ziele oder Auslöser für z. B. mögliche aggressive Handlungen vorliegen. Dies ist eine grundlegende Voraussetzung für erfolgreiche Deeskalation (Pfeiffer, 2014).

Nonverbale Kommunikation spielt in jeder Interaktion eine bedeutsame Rolle. Dies muss auch für das Deeskalieren festgestellt werden (Richter, 2006; Spielfogel & McMillen, 2017; Price & Baker, 2012; Richmond et al., 2012). Immer wieder findet sich hier bei psychisch Kranken das Einhalten von Abstand als sehr wichtiger Punkt, um diese nicht zu ängstigen (Richmond et al., 2012; White et al., 2019). Aber auch im Sinne eines passiven Schutzes für Polizeibeamt*innen und zur Erhöhung deren Reaktionszeit ist dies sinnvoll (Pontzer, 2021), was dann mehr im Sinne der

Eigensicherung zu sehen wäre. Nicht bedrohlich oder sozial zu dominant zu wirken, kann deeskalierend sein und ist gerade im Umgang mit verängstigten Personen (u. a. Personen in psychischen Ausnahmesituationen) wichtig. Ebenso tragen die nonverbalen Gesten, die Mimik, die Körperhaltung etc. dazu bei, Respekt, Empathie und Interesse zu signalisieren. Aber auch das Vermeiden von Opfersignalen, Kennzeichen von Unaufmerksamkeit und Nachlässigkeit kann aggressive Gegenüber davon abschrecken, Polizeibeamt*innen anzugreifen (Pinizzotto & Davis, 1999).

Mitunter kann Meta-Kommunikation (vgl. Watzlawick, Beavin, & Jackson, 1969) helfen, Eskalationsdynamiken aufzudecken, anzusprechen und einzudämmen. Über Kommunikation zu reden und die kommunikative Situation zu verdeutlichen, kann ein Deeskalationsansatz sein.

Zentrales Ziel der Deeskalation ist, dass alle Beteiligten den Polizeieinsatz ohne Schaden überstehen. Kritiker*innen des Deeskalationsansatzes fürchten, dass Deeskalation die Sicherheit von Polizeibeamt*innen reduzieren könnte (White, Mora, Orosco & Hedberg, 2021). Doch Deeskalation und Eigensicherung stehen nicht im Widerspruch. Das Gegenteil ist der Fall. Die Eigensicherung wie auch die Sicherheit Dritter ist zu beachten, da sie die Basis für eine Interaktion darstellen. Eigensicherung bzw. die persönliche Sicherheit sind ein zentraler Aspekt, um zu deeskalieren (Richmond et al., 2012; Ayhan & Hicdurmaz, 2020; Oliva et al., 2010; White et al., 2019). Zur Eigensicherung zählt es auch, den Blickkontakt aufrechtzuerhalten, Selbstbewusstsein auszustrahlen und im richtigen Moment auf physische Maßnahmen zu wechseln (Richter, 2006; Price & Baker, 2012). In diesem Zusammenhang können auch verschiedene taktische Maßnahmen zur Deeskalation beitragen. Bei festgefahrener Kommunikation kann der wohlüberlegte Tausch des/der Interaktionspartner*in helfen. Insgesamt sind die Kommunikationskanäle zu optimieren. Muss man sich anschreien, bekommt man nur Bruchstücke der Aussagen des anderen mit. Außerdem fehlt dann ein wichtiges Element der paraverbalen Kommunikation, nämlich die Modulation der Stimme, um Aussagen zu unterstützen oder auf die Emotion des Gegenübers einzuwirken. Ist Kommunikation nur unter Inkaufnahme von Gefahr möglich, so strapaziert dies die Kommunikation und Deeskalation. Wichtig ist es auch, sich Zeit zu verschaffen (Geduld, taktisches Zeitmanagement). Mitunter kann man die Gruppenstruktur der Gegenüber nutzen, um damit Kooperation herzustellen bzw. die Gruppe die Konflikte selbst regeln zu lassen. Auch Verstärkung und die Unterstützung durch die Leitstelle können bei der Deeskalation helfen (Pontzer, 2021).

In Konflikten und Eskalationen kommt es oft zu einem kognitiven Tunnelblick und einem „Sich-Festfahren" der Konfliktpartner*innen. Die Parteien fokussieren häufig auf einzelne Elemente und Aspekte und nehmen mitunter kaum noch anderes wahr. Ebenso fällt ein Zuhören schwer. Sich auf den anderen einzulassen, erscheint unmöglich. Um aus diesem Teufelskreis auszubrechen, kann eine Überraschung, wie z. B. eine Zigarette anbieten, sich hinsetzen etc., nützlich sein (Pfeiffer, 2014). Diese unerwartete Reaktion reißt den anderen förmlich aus der engen Fokussierung, lenkt z. B. von gewaltfördernden Reizen ab und zwingt zu Neuansätzen. Ein solcher Ansatz kann gerade bei „festgefahrenen" Situationen Abhilfe bringen. Ähnlich wirkt Humor, der aber nicht sarkastisch oder gar beleidigend sein darf. Neben dem ablenkenden Effekt von Humor kann auch dessen körperlich entspannende Wirkung zur Stressbewältigung und Emotionskontrolle eingesetzt werden (Tuttle, Merten, Gardner, Bishop, & Croff, 2021).

Hücker (2017) schildert als Voraussetzung für Deeskalation im Polizeieinsatz die Antizipation von Konflikten und Gefahren. Die Vorbereitung auf die Lage sowie auf die Emotionen und Reaktionen auf Seiten des Gegenübers sowie bei sich selbst bereitet eine Deeskalation mit vor. Das mentale Durchspielen der Situation kann einen entscheidenden Vorteil bringen, indem Lösungswege auch in emotional aufgeheizten Situationen verfügbarer für die Polizeibeamt*innen sind. Auch können in diesem Zusammenhang Ziele formuliert werden, die dann ein zielgerichtetes Handeln zur Deeskalation ermöglichen. Man kann dann eigene Handlungen bewusst planen, sich auf das Wesentliche konzentrieren, das eigentliche Ziel verfolgen und sich nicht ablenken lassen. Auch fördert dies den professionellen Umgang mit Provokationen. Die mentale Vorbereitung, die Absprache mit Kolleg*innen und das Setzen von Zielen und Teilzielen können als Teil des fünfstufigen Entscheidungsmodells von Pontzer (2021) angesehen werden.

Tabelle 1: Überblick über die verschiedenen Strategien, Taktiken und Techniken zur Deeskalation (nach Lorei, 2020, 2021b)

Nr.	Strategie/ Technik	Beispielhandlungen	Quellen
1	zielgerichtet handeln	eigene Handlungen bewusst planen; sich auf das Wesentliche konzentrieren, das eigentliche Ziel verfolgen; professioneller Umgang mit Provokationen; mentale Vorbereitung; Absprache mit Kollegen; sich Ziele setzen	Hücker, 2017
2	Stressmanagement	(relativ) entspannt sein in einer angespannten, stressigen Situation; Ausstrahlen von Ruhe; ruhig mit dem Gegenüber sprechen; anderen Raum und Zeit für emotionale Erleichterung geben (z. B. schreien lassen); sich Zeit nehmen	Schmidt, 2007; Richter, 2006; Price & Baker, 2012; Richmond et al., 2012; Todak & James, 2018; White et al., 2019; Pfeiffer, 2014; Todak & White, 2019; Grubb, 2023a
3	Empathie	Verständnis für die Emotionen des Gegenübers haben; dem anderen Mitgefühl zeigen bzw. ihm Trost spenden; Übernahme der Perspektive des Gegenübers; Verständnis für das Gegenüber bzw. seine Lage zeigen; eigene Betroffenheit schildern	Price & Baker, 2012; White et al., 2019; Ayhan & Hicdurmaz, 2020; Pontzer, 2021; Todak & James, 2018, 2019; Todak & White, 2019; Vecchi, Van Hasselt & Romano, 2005; Vecchi, Wong, Wong & Markey, 2019
4	Interesse	dem Gegenüber Interesse an seiner Situation signalisieren; nonverbal Offenheit signalisieren; sich bewusst für kommunikative Lösung entscheiden; gewaltfreie Lösung präferieren; nachfragen; anderen sich erklären lassen; auf Fragen des Gegenübers eingehen	

5	Transparenz	erklären und begründen, welche Verhaltensweisen man vom anderen erwartet; dem anderen das eigene Verhalten erklären; Konsequenzen/Maßnahmen aufzeigen (nicht androhen!); auf Fragen des Gegenübers eingehen	Temme, 2011; Richmond et al., 2012; Todak & James, 2018; Pfeiffer, 2014; Zaiser & Staller, 2015
6	Ernsthaftigkeit	dem Gegenüber Interesse an seiner Situation signalisieren; dem Gegenüber die Möglichkeit geben, sich selbst zu erklären; Selbstbewusstsein ausstrahlen	
7	Eigensicherung	Eigensicherung beachten; Blickkontakt aufrechterhalten; Selbstbewusstsein ausstrahlen	Richmond et al., 2012; Ayhan & Hicdurmaz, 2020; Oliva et al., 2010; White et al., 2019; Richter, 2006; Price & Baker, 2012
8	Akzeptanz schaffen	durch Lösungsangebote Akzeptanz schaffen; durch Fragen nach Lösungsvorschlägen des Gegenübers Akzeptanz für Lösungen schaffen; Auswahl an Lösungsalternativen; auf Fragen des Gegenübers eingehen	Zaiser & Staller, 2015; Price & Baker, 2012; Richmond et al., 2012; Todak & James, 2018; Todak & White, 2019; White, Mora & Orosco, 2019; Tränkle, 2020
9	nonverbale Kommunikation	bewusster Einsatz non- und paraverbaler Kommunikation (Stimme, Körperhaltung, Gestik etc.)	Richter, 2006; Spielfogel & McMillen, 2017; Price & Baker, 2012; Richmond et al., 2012
10	Beziehungsarbeit	Beziehungsaufbau (Smalltalk, Gemeinsamkeiten etc.); Aufbau einer kommunikativen Beziehung durch Aufzeigen von Gemeinsamkeiten/Ähnlichkeit der Interaktionspartner; Blickkontakt aufrechterhalten; entspannte Körperhaltung; Appell- und Selbstoffenbarungs-Seite der Nachricht (Schulz von Thun) offen kommunizieren	Price & Baker, 2012; Grubb, 2023a; Jaccard & Cojean, 2023; Vecchi, Van Hasselt & Romano, 2005; Vecchi, Wong, Wong & Markey, 2019
11	Humor	Humor zeigen (nicht Sarkasmus oder Ironie!); auf Humor positiv reagieren; humorvollen nicht-aggressiven Provokationen positiv/humorvoll entgegnen	Jaccard & Cojean, 2023

12	Respekt	höflich sein und Respekt zeigen; auf Fragen des Gegenübers eingehen; kulturelle oder szenentypische Besonderheiten kennen	Zaiser et al., 2021; Richter, 2006; Ayhan & Hicdurmaz, 2020; Todak & James, 2018; Todak & White, 2019; Tränkle, 2020
13	Gesichtswahrung	dem Gegenüber die Möglichkeit zur „Gesichtswahrung" lassen; aktiv Optionen zur Gesichtswahrung schaffen (z. B. Sprecher*innen-Wechsel anbieten)	Schmidt, 2007; Price & Baker, 2012; Hücker, 2017; Ting-Toomey, 2015; Jaccard & Cojean, 2023
14	Geduld	geduldig mit dem Gegenüber umgehen; sich Zeit nehmen; möglichst nicht unterbrechen	Mangold, 2011; Richmond et al., 2012; White et al., 2019; Tränkle, 2020; van Reemst, Fischer & Weerman, 2022
15	aktives Zuhören	dem Gegenüber (aktiv) zuhören; nachfragen; Gesagtes in eigenen Worten wiederholen; Aufmerksamkeit signalisieren; nonverbale Signale der Zustimmung	White et al., 2019; Zaiser & Staller, 2015; Zaiser et al., 2021; Richter, 2006; Spielfogel & McMillen, 2017; Price & Baker, 2012; Mangold, 2011; Richmond et al., 2012; Ayhan & Hicdurmaz, 2020; Oliva, Morgan & Compton, 2010; Todak & James, 2018; Todak & White, 2019; Grubb, 2023a; Vecchi, Van Hasselt & Romano, 2005; Vecchi, Wong, Wong & Markey, 2019
16	Meta-Kommunikation	Metakommunikation; über eigene Kommunikation reden; Situation verdeutlichen	
17	Sachlichkeit	wertungsfreie Ausdrucksweise; Vermeidung von Vorwürfen; professioneller Umgang mit Provokationen, keine Schuldzuweisungen; Lösungsorientierung	

18	taktische Maßnahmen	Tausch der Interaktionspartner*innen bei festgefahrener Kommunikation; Kommunikationskanäle optimieren; Zeit verschaffen; Nutzen der Gruppenstruktur des Gegenübers, die Kooperation herstellen bzw. Konflikte selbst regeln und deeskalieren	Pontzer, 2021
19	zielgruppenadäquate Kommunikation	Sprachniveau entsprechend wählen	Schmidt, 2007; Richmond et al., 2012; Ayhan & Hicdurmaz, 2020; Todak & James, 2018; Todak & White, 2019; White et al., 2019
20	Sonstiges		

Der Einsatz der oben beschriebenen Deeskalationstechniken, -taktiken und -strategien ist alltäglicher Teil der Polizeiarbeit und findet sich in der alltäglichen Einsatzpraxis wieder (Todak & James, 2018; White et al., 2021; Todak & White, 2019; Lorei, 2020). Das polizeiliche Gegenüber in alltäglichen Polizeieinsätzen respektvoll zu behandeln, Maßnahmen transparent zu erklären und eine angepasste Sprache zu verwenden, wird meistens praktiziert (Todak & James, 2018). Auch Zuhören ist eine sehr verbreitete Strategie im Polizeialltag (Todak & James, 2018). Mitunter akzeptieren Polizeibeamt*innen auch einen Kompromiss zwischen dem, was das polizeiliche Gegenüber möchte, und dem eigenen Einsatzziel. Die Akzeptanz eines solchen Kompromisses kann durch ein Training deutlich verbessert werden (White et al., 2021). Eher selten sollen sich Beruhigungsversuche und Empathie in Einsätzen zeigen (Todak & James, 2018). Allgemein scheint sich das deeskalierende Verhalten nach Spezifika des polizeilichen Gegenübers zu richten (Todak & James, 2018). Empathie werde z. B. eher bei suizidal erscheinenden Personen gezeigt, während Respekt eher gegenüber Frauen eingesetzt werde. Beruhigung fände bei aufgeregten Personen und Menschen in einer psychischen Ausnahmesituation statt (Todak & James, 2018). Zuhören fand sich als Strategie eher bei weiblichen Bürger*innen, Personen unter Drogeneinfluss oder in Krisensituationen (Todak & James, 2018). Insgesamt zeigten sich individuelle Unterschiede zwischen den Polizeibeamt*innen:

Verschiedene Polizist*innen bevorzugten unterschiedliche Strategien (Todak & James, 2018). Auch in Deutschland finden sich zahlreiche der oben genannten Deeskalationsstrategien, -taktiken und -techniken in realen Einsätzen wieder (Lorei, 2020). Dabei werden oft Strategien oder Techniken nicht nur einzeln eingesetzt, sondern es wird eine Vielzahl unterschiedlicher Ansätze nacheinander, kombiniert und abwechselnd genutzt (Lorei, 2020; Lorei & Hartmann, 2020). Umgekehrt scheinen zahlreiche der oben genannten Aspekte nicht beachtet zu werden. Dies kann dann zu Eskalationen und übermäßigen polizeilichen Gewaltanwendung führen (Abdul-Rahman, Grau, Klaus & Singelnstein, 2023). Insbesondere geben Betroffene von polizeilichen Übergriffen an, dass sie kommunikative Respektlosigkeit und Unhöflichkeit durch Polizeibeamt*innen erfahren hätten, sie seien gedemütigt, gekränkt und beleidigt worden (Abdul-Rahman, Espín Grau, Klaus & Singelnstein, 2023). Auch bemängeln sie die Intransparenz bei der Durchführung von Maßnahmen sowie eine nicht adressat*innengerechte Kommunikation (Abdul-Rahman, Espín Grau, Klaus & Singelnstein, 2023).

Ob Deeskalationsversuche erfolgreich sind, ist kaum untersucht. Gerade im Zusammenhang mit dem Phänomen der Gewalt gegen Einsatzkräfte finden sich vor allem Betrachtungen der Aspekte der Situation (Tageszeit, Ort, Einsatzanlass), der Täter*innen (Intoxikationsgrad, Herkunft, Geschlecht, Alter) und Opfer (Alter, Arbeitsbereich, Geschlecht) (Ohlemacher, Rüger, Schacht & Feldkötter, 2003; Ellrich, Baier & Pfeiffer, 2012), während die Interaktionen zwischen den Konfliktbeteiligten und damit auch die Deeskalation eher selten in den Forschungsfokus genommen werden (Liebl, 2016). Dieser Bereich kann als deutlich unterforscht angesehen werden (Zaiser & Staller, 2015; Zaiser et al., 2022). Aber auch außerhalb der Polizei ist die Effektivität von Deeskalationstechniken – vor allem in Akutsituationen – kaum belegt (Gaynes et. al., 2017), obwohl hier ein mindestens ebenso hoher Bedarf daran besteht. Die wenigen existierenden Studien zeigen Effekte von Trainings im Bereich des Wissens sowie der Verhaltens- oder Einstellungsänderung der Deeskalator*innen (Spencer, Johnson & Smith 2018). Objektive Effekte, wie Abnahme der

Häufigkeit von Verletzungen etc., und damit auch Belege für wirkungsvolle Deeskalationstechniken werden meist nicht erwähnt (Spencer, Johnson & Smith 2018). Du et al. (2017) konnten z. B. für die Effektivität von Deeskalationsansätzen bei psychotischen Angreifern keine empirischen Belege finden. Ebenso stellen Roberto, Daffern, Thomas und Martin (2012) für den Bereich Psychiatrie fest, dass die dortigen Deeskalationstechniken häufig wenig oder einen eingeschränkten theoretischen und empirischen Hintergrund aufweisen und das Gebiet damit als relativ unterforscht gelten kann. Spielfogel und McMillen (2017) sehen dies auch ähnlich für andere Berufsgruppen, zu deren Aufgaben die Deeskalation von aufgebrachten und aggressiven Personen zählt. Die dortigen Empfehlungen basierten ihrer Ansicht nach häufiger auf „best practice". Todak und James (2018) versuchten Strategien hinsichtlich ihrer Wirksamkeit in Polizeieinsätzen zu prüfen. Als effektiv wurden sie dann angesehen, wenn bei Einsatzende das Gegenüber als ruhig bewertet werden konnte. Hier stellten sich das Beruhigen und das Anpassen der Sprache an das Gegenüber als effektiv heraus. Damit kann jedoch nur wenig über die Effektivität der Techniken empirisch gesichert gesagt werden.

6 Stufenmodell deeskalierendes polizeiliches Handeln

Das KODIAK-Modell geht von fünf Stufen („Sicherheit“, „Beziehung“, „Beruhigung“, „Lageklärung“ und „Lösungssuche“) innerhalb eines deeskalierenden Einsatzes aus, die durchlaufen werden müssen, um auf einer sechsten Stufe („Lösungsumsetzung“) dann eine Maßnahme umzusetzen (siehe Abbildung 2). Auf jeder Stufe ist es erforderlich, die aktuelle Situation zu beurteilen. Kommt diese Beurteilung zum Schluss, dass eine niedrigere Stufe nicht ausreichend erfüllt ist, so muss zu dieser Stufe zurückgekehrt werden. Wenn also während der Stufe „Beruhigung“ sich die Lage verändert und die „Sicherheit“ nicht mehr ausreichend gegeben ist, muss der/die handelnde Polizist*in erst wieder auf diese Stufe zurück (rote Pfeile) und Maßnahmen zur Eigensicherung treffen. Erst dann kann er/sie wieder an der „Beziehung“ arbeiten und anschließend erneut auf die Stufe „Beruhigung“ zurückkehren. Befindet sich die Interaktion auf Stufe „Lösungssuche“ und regt sich das polizeiliche Gegenüber plötzlich wieder sehr auf, muss auf die Stufe „Beruhigung“ zurückgekehrt werden (grüne Pfeile), um zunächst das Gegenüber zu beruhigen, dann die Situation neu zu klären (Stufe „Lageklärung“) und wieder nach einem Lösungsweg (Stufe „Lösungssuche“) zu suchen. Im Verlauf eines Einsatzes wird sich also über die Stufen vorgearbeitet und notfalls wieder auf eine frühere Stufe zurückgekehrt (siehe Abbildung 3; als Legende für die Abbildungen im Folgenden siehe Abbildung 4).

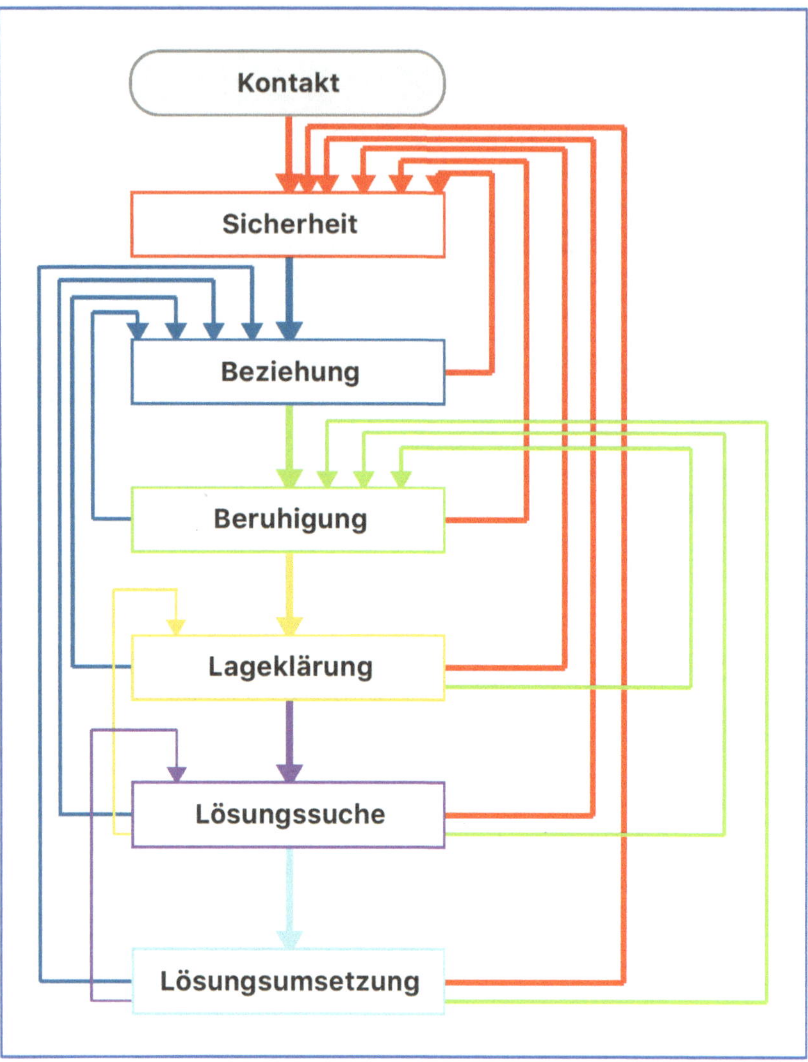

Abbildung 2: Stufen des Deeskalationsmodells (Rechtecke symbolisieren die Stufen des Modells, Pfeile symbolisieren die Wege innerhalb des Modells; die Farben unterscheiden lediglich die Stufen voneinander und haben sonst keine Bedeutung)

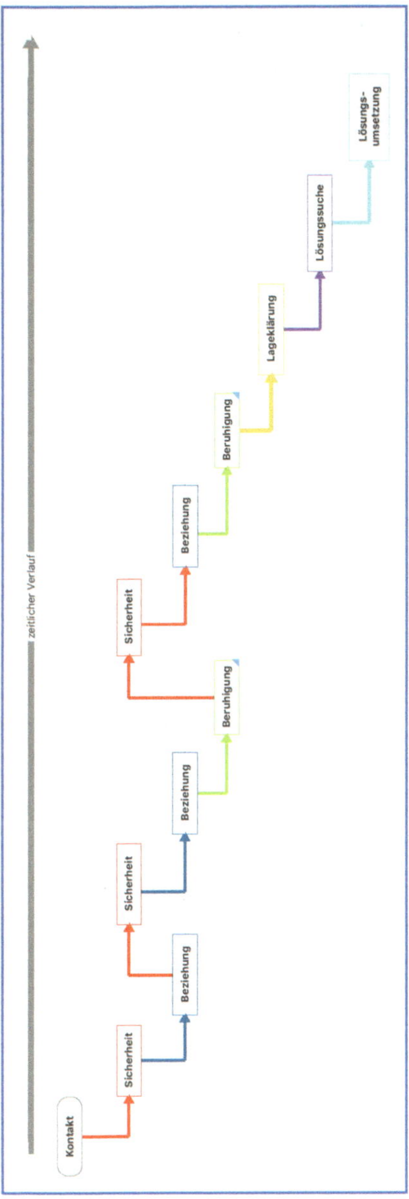

Abbildung 3: zeitlicher Verlauf in den Deeskalationsstufen mit Rückkehr auf frühere Stufen während eines Deeskalationseinsatzes

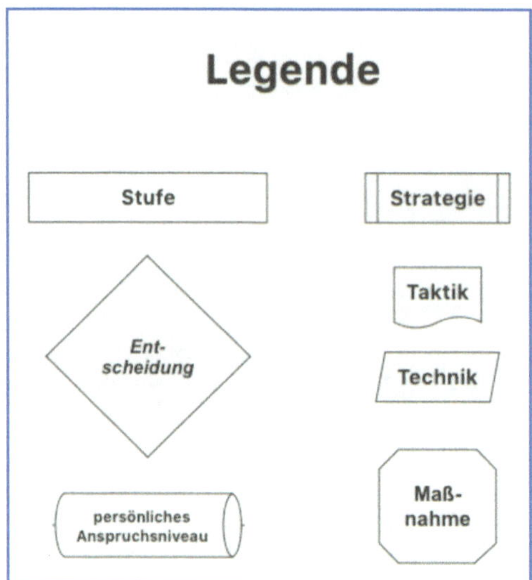

Abbildung 4: Legende für die Abbildungen

6.1 Stufen des Modells

6.1.1 Moment des Kontaktes

„Kontakt“ stellt keine Stufe innerhalb des Modells dar, sondern bezeichnet den Moment, in dem die Interaktionsparteien Polizei und polizeiliches Gegenüber miteinander in Interaktion bzw. Kommunikation treten. Hier wird quasi der Startpunkt für das zielgerichtete Deeskalationsverhalten gesetzt.

6.1.2 Stufe „Sicherheit“

Um gleich zu Beginn einer Fehlvermutung entgegenzuwirken: Eigensicherung geht nicht erst los, wenn man auf das polizeiliche Gegenüber trifft. Vielmehr sind grundlegende Aspekte der Eigensicherung bereits zuvor zu beachten, um nicht mit „Sicherheitsbeschränkungen“ auf einen oder eine möglicherweise gefährliche*n Täter*in zu treffen. Dies mindert auch das Risiko, überrascht zu werden. Dies erscheint sehr bedeutsam, da ein nicht unwesentlicher Teil der Angriffe auf Einsatzkräfte nach Angaben der Angegriffenen, als plötzlich, unvermutet und überraschend empfunden wurden (Schmalzl, 2005; Lorei, Hartmann, Müller & Ellrich, 2019; Leuschner, Herr, Lutz, Fecher & Selzer, 2022). Dies kann für einen Teil dabei aber eher mit dem psychologischen Aspekt erklärt werden und ist in diesen Fällen weniger ein Merkmal der Situation. Dies meint, dass die angegriffenen Personen nicht mit einem Angriff gerechnet haben und vielleicht sogar Signale von Gewalt nicht wahrgenommen, korrekt gedeutet oder aber nicht nach ihnen gehandelt haben. Dies zeigt sich z. B. nämlich dann, wenn man sie fragt, ob man diese Angriffe hätte vermuten können und ein Teil der Personen, die „überraschend" angegriffen wurden, dies bestätigt (Lorei, Hartmann, Müller & Ellrich, 2019). Eigensicherung findet also bereits vor dem Kontakt mit dem/der Interaktionspartner*in der aktuellen Situation statt. Dabei haben die Handlungen im Zusammenhang mit der Eigensicherung, die bereits vor dem eigentlichen Einsatz stattfanden, sowie der gesamte Verlauf im Einsatz einen Einfluss auf den Ausgang (vgl. Lorei & Balaneskovic, 2023): So hält sich zwar der Mythos, dass der polizeiliche Schusswaffengebrauch in einem Bruchteil einer Sekunde entschieden wird (das sogenannte „split second syndrome" nach Fyfe, 1986) und es wird häufig ausschließlich der Moment des Fingerkrümmens betrachtet (Adang, 2012). Jedoch zeigt sich, dass die Schießentscheidung, wie viele andere Entscheidungen auch, häufig auf anderen Entscheidungen zuvor basiert (Fyfe, 1986; Harman et al., 2019). So ist der Umgang mit der Dienstwaffe entsprechend umfassender als nur die Situation, in der diese im Sinne einer Schussabgabe eingesetzt wird (vgl. die Definition des Schusswaffeneinsatzes im Gegensatz zum Schusswaffengebrauch bei Lorei, 1999). Es ist also bei einer Polizei-Bürger*innen-Begegnung neben dem Kontakt als Einstieg in die Interaktion, der Interaktion und der möglicherweise finalen Entscheidung auch die Vorbereitung als wesentliche Phase anzusehen (Binder & Scharf, 1980; Scharf & Binder, 1983). Bei einer Berücksichtigung der Vorgeschichte zeigt sich mitunter, dass das Verhalten der Polizeibeamt*innen vor dem Schießen (z. B. das Nicht-Nutzen von Deckung oder sich selbst in einen gefährlichen, ungeschützten Bereich zu bringen) wesentlich dazu beigetragen hat, dass er/sie letztendlich habe schießen „müssen" (Adang,

2012). Ähnliches fand sich in einer Studie zum kommunikativen Einstieg in Fahrzeugkontrollen (Rho, Harrington, Zhong, Pryzant, Camp, Jurafsky & Eberhardt, 2023). Hier ließen sich Eskalationsverläufe und Zwangsmaßnahmen allein schon durch die ersten Sätze des kontrollierenden Beamten vorhersagen. Waren diese eher befehlsartige Verhaltensanweisungen, verlief die Kontrolle auch eskalierender. Dabei waren die verbalen Einstiege nicht durch den Kontrollanlass und die Vorgeschichte der Überprüfung bedingt. Ähnliches zeigt sich auch für Deutschland, wo ein frühes Einfordern von Autorität zu einer Eskalation der Situation beiträgt (Laumer & Welscher, 2023).

Eigensicherung fängt also bereits vor der Lage an. In der Lage – vor allem zur Stufe „Sicherheit" hin – spielt sie dann eine herausragende, grundlegende Rolle. Zentrales Ziel der Deeskalation ist es nämlich, dass alle Beteiligten, also eingesetzte Polizeibeamt*innen wie auch deren Gegenüber, ohne Schaden den Polizeieinsatz überstehen. Dies ist zweifelsohne mitunter nur bedingt und nicht immer erreichbar. Kritiker des Deeskalationsansatzes fürchten immer, dass Deeskalation die Sicherheit von Polizeibeamt*innen reduzieren könnte (Landers, 14.10.2017; Engel, McManus & Isaza, 2020; White, Mora, Orosco & Hedberg, 2021). Eigensicherung wird auch in Deutschland sowie in Europa in der polizeilichen Aus- und Fortbildung höchste Bedeutung beigemessen; dies einerseits durch entsprechende Gestaltung von Lehrveranstaltungen zum Gewalteinsatz wie aber auch durch Bildungsmaßnahmen zur Deeskalation. Hier hat Eigensicherung stets höchste Priorität und steht mitunter vor vielen anderen Techniken und Strategien der Deeskalation (Lorei, Balaneskovic, Groß & Kocab, 2023a, b, c, d). Dies wird auch von anderen Professionen so geteilt und die persönliche Sicherheit als ein zentraler Aspekt angesehen, um zu deeskalieren (Richmond et al., 2012; Ayhan & Hicdurmaz, 2020; Oliva et al., 2010; White et al., 2019). Damit stehen Deeskalation und Eigensicherung nicht im Widerspruch, sondern das Gegenteil ist der Fall: Grundlegend für ein zielgerichtetes Vorgehen im Rahmen der Deeskalation ist die Sicherheit der Beteiligten. Sicherheit stellt also sowohl die Basis wie auch das Ziel dar und ist im Stufenmodell die erste und damit fundamentale Stufe.

6.1.3 Stufe „Beziehung"

In den Kommunikationsgrundlagen wurde bereits bei den Ansätzen von Watzlawick (Watzlawick, Beavin & Jackson, 1969) wie auch bei Schulz von Thun (Schulz von Thun, 1981) erwähnt, dass Kommunikationen stets einen Beziehungsaspekt haben. Beide Wissenschaftsgruppen sehen diesen Beziehungsaspekt als wesentlich für Kommunikation an. Auch die Transaktionsanalyse thematisiert dies und stellt die Beziehung zwischen den Kommunikationspartner*innen als bedeutsam dar (Nettelnstroth, 2014). Allen gemein ist dabei, dass Störungen im Beziehungsbereich zu Kommunikationsstörungen und Konflikten führen. Umgekehrt muss deshalb im Rahmen von Konflikten die Beziehung betrachtet und bearbeitet werden. Beziehungsfördernde Interaktionen in der frühen Kontakt- und Orientierungsphase sind auch für Vernehmung von hoher Bedeutung (Körner & Lemme, 2020). Dies ist nicht nur bei vielleicht unsicheren Zeug*innen, sondern auch bei Täter*innen der Fall, deren Geständnis-bereitschaft dadurch erhöht werden kann (Körner & Lemme, 2020). Deshalb ist dieser Aspekt auch in einschlägigen Vernehmungsleitlinien und Empfehlungen verankert (vgl. Körner & Lemme, 2020). Auch wenn Vernehmungen und alltägliche Einsatzsituationen, die Deeskalation erfordern, verschieden sind, so sind sich doch Aspekte auch ähnlich. Demnach ist die Beziehung zur/zum Interaktionspartner*in zentral für jegliches Miteinander und erscheint auch zentral bei der Deeskalation (Price & Baker, 2012). Dies gilt für die Deeskalation in Lagen mit wenigen Personen ebenso wie für taktische Kommunikation bei Menschenansammlungen und Großveranstaltungen, in denen auch vor der eigentlichen Kommunikation eine Akzeptanz des Interaktionspartners „Polizei" aufgebaut wird (Schenk et al., 2012). Dies kann als ein kommunikatives Kennenlernen verstanden werden, bevor das eigentliche Kommunikationsthema behandelt wird.

Geht man davon aus, dass Hemmungen (siehe Beschreibung oben) aggressives Verhalten verhindern (Nolting, 2005; vgl. Lorei, 2003), trägt eine gute Beziehung dazu bei, dass bei der Deeskalation schon deswegen Angriffswahrscheinlichkeiten reduziert werden. Umgekehrt setzen Anonymität, „Unpersönliches", Dehumanisierungseffekte, mangelnde Empathie usw. die Hemmschwelle für Gewalt herab. Damit ist der kontinuierliche Beziehungsaufbau und -erhalt, also das Arbeiten an einer Arbeitsbeziehung, nach der Sicherheit die Grundlage für Deeskalation.

Der Beziehungsaufbau muss nicht beim ersten Durchlaufen der Stufen vollständig sein und abgeschlossen werden. Vielmehr kann zunächst eine rudimentäre Beziehung hergestellt werden, die dann genutzt wird, um das Gegenüber zu beruhigen. Anschließend wird die ansatzweise vorhandene Beziehung weiter gefestigt und ausgebaut, um dann auf dieser erweiterten Basis aufbauen zu können und Lösungen für die Situation zu erarbeiten. Auch auf nachfolgenden Stufen ist stets die Beziehung „weiter im Blick zu behalten", d. h. es ist wichtig, dass diese Beziehung weiterhin Bestand hat.

6.1.4 Stufe „Beruhigung"

In polizeilichen Einsätzen, in denen Gewalt eine Rolle spielt, sind die Beteiligten – und dies bedeutet alle und auf beiden Seiten – oft aufgeregt und sehr emotional. Gewalt kann als einer der bedeutsamen Stressoren allgemein und im Besonderen im Polizeiberuf angesehen werden (Lorei, Hallenberger, Fischbach & Lichtenthaler, 2014). Damit befinden die Beteiligten sich auf einem erhöhten Stressniveau. Stress wird dabei verstanden als emotionale, kognitive, physiologische und verhaltensbezogene Reaktion auf subjektiv erlebte Diskrepanzen zwischen persönlichen, sozialen, instrumentellen und strukturellen Ressourcen und den Anforderungen der Umwelt (vgl. Lorei, 2014a). Dies gilt für die Konfliktparteien unabhängig von ihrer Beteiligung als Einsatzkraft (z. B. angespannt wegen der Unklarheit der Lage und der Gefahr eines Angriffes), als Opfer (z. B. gestresst und verängstigt wegen dem Erfahren von Gewalt) oder aber als Täter*in (Marth, 2003; Fecher, Leuschner & Lutz, 2023) bzw. Person, wegen der die Polizei gerufen wird. So kann diese wütend auf das Opfer sein oder ängstlich wegen der Konsequenzen ihrer Tat, was beide Male mit einer hohen Erregung einhergeht. Auch kann ein*e Täter*in sich in einem Zustand befinden, der der ersten, sogenannten emotionalen Phase von Geiselnehmer*innen entspricht (vgl. Salewski & Schaefer, 1979), indem er/sie hoch emotional und aufgeregt agiert. Oder es handelt sich um eine aufgebrachte Person, die durch ihre Agitiertheit andere irritiert und ängstigt (Simpson, Sakai & Rylander, 2020), weshalb Betroffene oder Dritte die Polizei rufen, um diese Situation zu bewältigen. Solche hoch erregten Personen können systematisch durch Deeskalation beruhigt werden (Simpson, Sakai & Rylander, 2020), was dann als Basis für den weiteren (rationalen) Umgang mit ihnen dienen kann, wie dies in Verhandlungssituationen angestrebt wird (Grubb, 2023a). Wichtig ist einerseits die Beruhigung dieser Personen wie auch die eigene Stress- bzw. Emotionsregulation der Polizeibeamt*innen (Todak & White, 2019; Sticher, 2022), da ein erhöhtes Stresslevel die Leistungsfähigkeit und das Handeln auf beiden Seiten beinträchtigen kann (Lorei, 2014a, b; Regehr & LeBlanc, 2017; Grubb, 2023a). So kann in den entsprechenden Einsatzlagen auch sowohl zu wenig Information (z. B. Unklarheit der Lage, kaum Personeninformationen) oder eine akute Informationsüberlast (z. B. zu viele Reize wie allgemeiner Lärm, mehrere schreiende Personen etc.) massiv Stress erzeugen (Ungerer & Ungerer, 2008, S. 70). Im Verlauf des Einsatzes kann die Belastung weiter zunehmen und entsprechende Stressreaktionen und Leistungseinschränkungen auftreten (vgl. Ungerer & Morgenroth, 2001, S. 101; Ungerer, 2003, S. 103; Ungerer & Ungerer, 2008, S. 71 f.; Lorei, 2014a) wie z. B. Wahrnehmungsfehler (Übersehen von Personen, Handlungen und gefährlichen Gegenständen), Wiederholung von Aspekten, die bereits gesagt wurden, und Kommunikationsstörungen, Fehler in der Handhabung von Gerätschaften wie Funk und Waffen, Orientierungsschwierigkeiten, Gereiztheit und eskalierende Kommunikation), sich mit Nebensächlichkeiten beschäftigen statt mit Wichtigem, hektisches Hantieren, Übersicht über die Situation geht verloren, taktische Verarmung, zunehmende Missachtung der rechtlichen Vorschriften, Entscheidungsverzögerungen, Falschbewertung von Lagen nimmt zu, Schwierigkeiten werden nicht mehr erkannt (Tabuisierung, Maskierung und Ignorieren von kritischen Lagen). Dabei muss die Situation nicht als stressig wahrgenommen werden, da mitunter subjektive Stressbewertung und objektive Belastung wenig kompatibel sind und Stressfolgen auf Grund der faktischen Belastung auftreten (Regehr & LeBlanc, 2017).

Neben einer Steigerung der körperlichen Leistungsfähigkeit in Kraft und Ausdauer und einer Verschlechterung präziser motorischer Handlungen wirkt sich Stress also auf psychologische Prozesse und insbesondere die Informationsverarbeitung aus (Lorei, 2014a, b; Regehr & LeBlanc, 2017; Grubb, 2023a). So werden die Aufmerksamkeit, das Problemlösen und das allgemeine Denken negativ beeinflusst und das Handeln in kritischen Einsatzsituationen wird schlechter (Regehr & LeBlanc, 2017). Dies beeinträchtigt dann auch die Interaktion zwischen derart gestressten Personen. Neben der kognitiven Beschränkung intensiviert ein hohes Stresslevel aber auch noch die Emotionalität, welche wiederum kreatives Problemlösen, Einsichtsfähigkeit und Rationalität des Handelns begrenzt. All das erschwert eine friedliche und möglicherweise kreative Konfliktlösung. Deshalb erscheint es zwingend erforderlich, dass, bevor man ein Gespräch beginnt und Lösungsmöglichkeiten diskutiert, die Beteiligten auf ein adäquates Stressniveau gebracht werden. Ziel der Stufe „Beruhigung“ ist also die Senkung des Stresslevels bei allen an der Interaktion Beteiligten. Dies meint die Polizeiseite wie auch das polizeiliche Gegenüber.

6.1.5 Stufe „Lageklärung“

Grundlage einer Lagebeurteilung (Welche Situation liegt vor? Was ist passiert? Gibt es ein Opfer? Gibt es Täter*innen? Welche polizeilichen Handlungszwänge liegen vor? Was ist zu tun?) sind Informationen. Selbstverständlich können bereits Informationen zur Lage bei der Auftragserteilung und auch auf anderem Wege vor dem Kontakt die ein-gesetzten Polizist*innen erreichen und auch aktiv gesucht werden. Ein erster Überblick dient ja bereits der Stufe „Sicherheit“ und damit der Eigensicherung. Dennoch ist es zwingend erforderlich, kritische Informationen in der Lage selbst zu erheben, um den Informationsstand zu überprüfen und zu aktualisieren. Darauf können dann entsprechende Maßnahmen aufbauen. Mit den beteiligten Personen kann entsprechend adäquat umgegangen werden und der Einsatz wird insgesamt situationsgerecht gestaltet. Auf der Stufe „Lageklärung“ geht es um die Informationsgewinnung speziell durch deeskalierende Interaktion mit dem polizeilichen Gegenüber. Dabei können Informationen sowohl erfragt als auch auf anderen Kanälen erhoben werden. Darauf aufbauend kann dann lageangepasst eine Maßnahme geplant und durchgeführt werden. Nur mittels Verständnis der Lage lässt sich eine adäquate Lagelösung erarbeiten. Dabei stellen „Raten“, die allgemeine „polizeiliche Erfahrung“ oder das „Bauchgefühl“ ohne eine Prüfung durch Informationserhebung riskante Vorgehen dar, welche zur Eskalation beitragen können. Ebenso bedeutsam ist das Trennen von Fakt und Vermutung.

6.1.6 Stufe „Lösungssuche“

Nachdem auf der Stufe zuvor die wesentlichen Informationen erhoben worden sind und vorliegen, kann hier gemeinsam mit dem polizeilichen Gegenüber versucht werden, den weiteren Verlauf des Einsatzes zu gestalten. Liegt für die Polizeibeamt*innen ein Handlungszwang vor, so kann hier die Umsetzung mit dem Gegenüber erarbeitet werden. Ist das polizeiliche Handeln nicht zwingend an eine Maßnahme gebunden, kann aber auch gemeinsam mit dem Gegenüber erarbeitet werden, was zu tun ist. Durch die Beteiligung des Gegenübers kann die Akzeptanz für die Maßnahme erhöht und somit Widerstand unwahrscheinlicher werden. Auch können durch das gemeinsame Suchen nach Umsetzungswegen mögliche Hindernisse und Probleme bereits erkannt werden, bevor sie auftreten, und so Überraschungen vermieden werden.

6.1.7 Stufe „Lösungsumsetzung“

In dieser Stufe geht es letztendlich darum, die beschlossenen polizeilichen Maßnahmen umzusetzen.

6.2 Stufenbewertungen

Während man auf einer Stufe Maßnahmen zum Erreichen der nächsten Stufe trifft, ist kontinuierlich die Lage zu bewerten bzw. zu beurteilen (siehe Abbildung 5). Dabei ist mit höchster Priorität der Aspekt der Sicherheit relevant: Sollte die Sicherheit von Beteiligten nicht ausreichend gegeben sein, muss zur Stufe „Sicherheit“ zurückgekehrt und Maßnahmen zur Erhöhung der Sicherheit ergriffen werden. Die Sicherheit ist auf jeder Stufe zu prüfen, denn wenn sie nicht ausreichend gegeben ist, kann an keiner Stufe gearbeitet werden. Dabei ist das Kriterium, wann die Sicherheit ausreichend gegeben ist, selbstverständlich subjektiv. Das Kriterium für das Erreichen eines akzeptablen Maßes wird dabei individuell festgelegt und stellt das persönliche Anspruchsniveau im Bereich Sicherheit dar. Es hängt u. a. davon ab, wie das eigene Sicherheitsbedürfnis reflektiert wird. Wird die Frage „*Wieviel Sicherheit benötige ich?*" mit der extremen Antwort „*Ich benötige zwingend die absolute und 100%ige Sicherheit*" beantwortet, so gestaltet sich der weitere Verlauf extrem schwierig oder wird sogar unmöglich, da es keine absolute Sicherheit geben kann. Es muss also ein Kompromiss zwischen absoluter Sicherheit und sehr gefährdeter Lage gefunden werden. Auch hier spiegelt sich die persönliche Haltung und Einstellung einer Einsatzkraft wider. Ist die Einsatzkraft sehr gut in Techniken der Selbstverteidigung und der Anwendung von Zwang, wird sie ein geringeres Maß an Sicherheit tolerieren, während eine Person mit wenig Kompetenz im Bereich Verteidigung hier viel mehr an subjektiver Sicherheit verlangt. Hier zeigt sich, dass eine sehr hohe Verteidigungsfähigkeit förderlich für das Deeskalieren sein kann (Position der Stärke). Dabei ist ebenso zu bedenken, dass hier auch die Sicherheit des polizeilichen Gegenübers bewertet werden muss, da auch dieses möglicherweise oder sogar wahrscheinlich seiner eigenen Sicherheit höchste Priorität einräumt. Und wenn dieses die aktuelle Situation als zu unsicher für sich selbst bewertet, wird ein Arbeiten auf Stufen oberhalb der Stufe „Sicherheit" schwierig bis unmöglich.

Wird die Sicherheit für beide Interaktionsparteien als ausreichend beurteilt, befindet sich die Situation auf dem Weg zur Stufe „Beziehung". Wie bereits erwähnt wird auch hier kontinuierlich die Sicherheit beurteilt, und im Falle, dass sie weiterhin akzeptabel ist, können Maßnahmen zum Beziehungsaufbau getroffen werden. Der Erfolg dieser Maßnahmen ist dann zu bewerten usw. (siehe Abbildung 5). Mit jeder Stufe nehmen die Aspekte, hinsichtlich derer die Lage zu bewerten ist, zu, wobei die Sicherheit immer mit höchster Priorität zu betrachten ist. Dies erfordert eine ständige Beobachtung relevanter Aspekte, wie z. B. nonverbaler Signale einer Angriffsvorbereitung (vgl. Lorei & Litzcke, 2014) und Stressreaktionen bei sich und dem Gegenüber (vgl. Lorei, 2014a) bzw. eine aktive

Informationssuche (z. B. als Indikatoren für die Beziehung) oder sogar verbale Abfrage bei Beteiligten (z. B. nach der Akzeptanz von Plänen oder dem subjektiven Zustand einer Person). Die Bewertungen finden dabei nur mehr oder minder bewusst statt. Durch entsprechendes Training und Erfahrung können solche Bewertungen routinisiert werden, wobei natürlich auch die Gefahr besteht, dadurch Situationen, die vom Training oder von der Erfahrung abweichen, zu verkennen. Nichtsdestotrotz unterstützen entsprechende Automatisierungen und Folgen von unbewusster Wahrnehmung und Informationsverarbeitung regelmäßig die Bewertungen oder ersetzen diese (vor allem in Hochstresslagen bzw. Situationen, in denen Entscheidungen in Sekundenbruchteilen zu treffen sind).

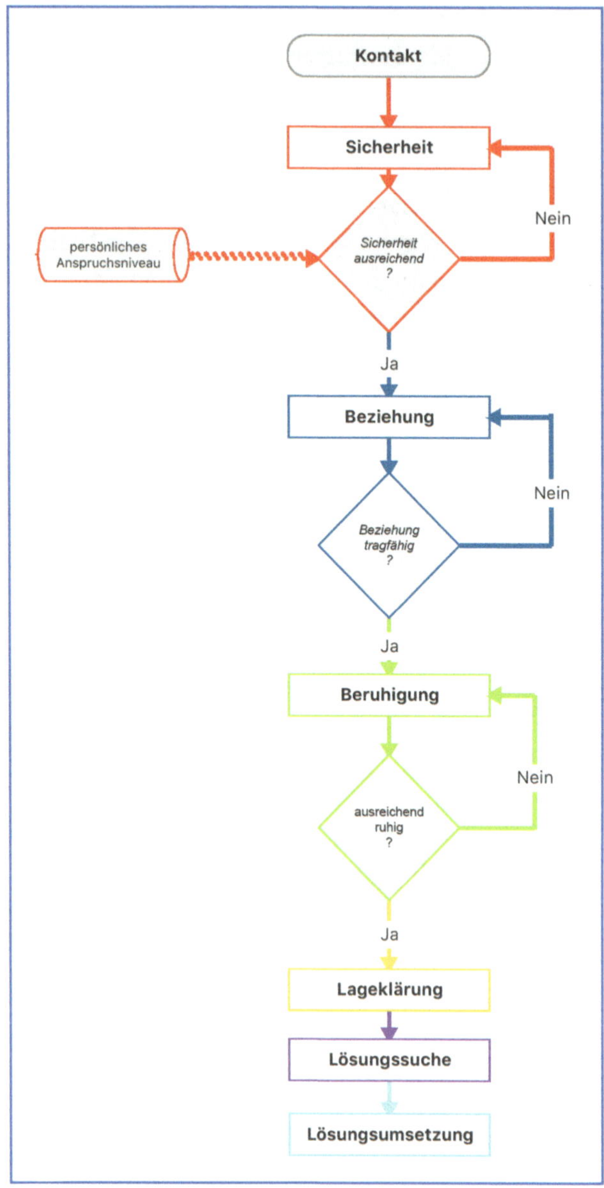

Abbildung 5: Bewertungen auf den verschiedenen Stufen (Rauten stellen die Bewertungsschritte auf den verschiedenen Stufen dar)

6.3 Wechsel zum unmittelbaren Zwang

Der Einsatz von unmittelbarem Zwang und damit von Gewalt kann im polizeilichen Einsatz insbesondere aus zwei Gründen geschehen. Einerseits dient Gewalt, z. B. in Form von körperlichen Techniken, dem Einsatz von Hilfsmitteln körperlicher Gewalt oder von Waffen, dazu, Gefahren von sich oder anderen abzuwehren und so einen sichereren Zustand herzustellen. Andererseits kann unmittelbarer Zwang in Form von Gewalt dazu dienen, eine polizeiliche Maßnahme durchzusetzen, gegen die sich das polizeiliche Gegenüber wehrt und Widerstand leistet. Ist dabei diese polizeiliche Maßnahme erforderlich und gemäß des Verhältnismäßigkeitsgrundsatzes nur mit körperlicher Gewalt möglich umzusetzen, dann wird hier Gewalt eingesetzt. An dieser Stelle soll die Rechtslage nicht ausführlich dargestellt werden, da es hier vorrangig um die Integration des Gewalteinsatzes in das Deeskalationsmodell als ganzheitliches Einsatzmodell gehen soll, was im Nachfolgenden geschieht. Deshalb wird auf die entsprechende einschlägige Rechtslage zum unmittelbaren Zwang sowohl zur Gefahrenabwehr als auch zur Durchsetzung polizeilicher Maßnahmen verwiesen.

Wie bereits beschrieben, ist eine akzeptable Sicherheit die Grundvoraussetzung und deshalb die erste Stufe des Deeskalationsmodells. Ist das Maß der (subjektiven) Sicherheit nicht hinreichend erfüllt und erscheint sie auch nicht herstellbar, weil z. B. mehrere Versuche, die Situation sicherer zu machen, nicht zum Erfolg führten (z. B. Aufforderungen an das Gegenüber, einen gefährlichen Gegenstand abzulegen und den erforderlichen Abstand einzuhalten), wird die Verhältnismäßigkeit des Gewalteinsatzes geprüft (siehe Abbildung 6). Die drei diesbezüglichen Bewertungen liegen also vor einem Gewalteinsatz auf der Stufe „Sicherheit". Die Kriterien für die jeweiligen Bewertungen sind dabei mehr oder minder subjektiv, aber keinesfalls willkürlich. Deshalb muss sich eine Einsatzkraft, zumindest im Training, aber auch wenn die Lage es irgendwie zulässt, in der Situation immer wieder fragen, welche Tatsachen, also Wahrnehmungen (z. B. angriffsvorbereitende Verhaltensweisen, vgl. Weichel & Hartmannshenn, in Vorbereitung) und Informationen etc. die Annahme rechtfertigen, dass die Bewertung so ausfällt, wie sie zunächst erscheint. Sicherlich wird dabei oft auch das sogenannte „Bauchgefühl" eine Rolle spielen. Dieses sollte aber weniger auf Emotionen wie Angst oder Rachegefühlen beruhen, sondern eher auf z. B. den Resultaten unbewusster Wahrnehmungen bzw. Informationsverarbeitung (vgl. Gigerenzer, 2023). In diesem Fall kann man nach den Reizen, welche diese auslösen, suchen und so das Bauchgefühl relativieren oder begründen. Nur auf der abstrakten Möglichkeit, dass etwas passieren könnte, kann solch eine Entscheidung sicher nicht basieren. Wenn schon die Bewertung der Sicherheit anspruchsvoll erscheint, so ist die Prognose bzgl. der Sicherheitsentwicklung (also die Frage nach der Herstellbarkeit der Sicherheit) als Resultat von Bemühungen um die Sicherheit mindestens ebenso herausfordernd. Sie wird sicher auch nicht umfassend und mit hoher Wahrscheinlichkeit des Zutreffens beantwortet werden können, doch lässt sich Gewalt sicher nicht rechtfertigen, wenn der Gewaltrechtfertigungsversuch in mangelnder Sicherheit besteht, aber die Sicherheit sehr leicht herstellbar gewesen wäre. So erfordert dies mitunter die (wiederholte) Androhung von Zwang, eventuell zunächst den Einsatz von milderem Zwang und erst nach Erfolgslosigkeit einen massiven Zwangseinsatz und als „ultima ratio" den Schusswaffengebrauch. Letztendlich ist die Verhältnismäßigkeit des Einsatzes von unmittelbarem Zwang zu prüfen. Sind hier legitimer Zweck, Geeignetheit, Erforderlichkeit und Angemessenheit nicht für den Einsatz von Gewalt gegeben, aber die Sicherheit massiv gefährdet, kann ein (temporärer) Rückzug erwogen werden.

Auf den Stufen „Lösungssuche" und „Lösungsumsetzung" werden, wie bereits beschrieben, mögliche Lösungen für die Situationen und die potenziellen Konflikte gesucht. Widersetzt sich dabei das polizeiliche Gegenüber allen möglichen Maßnahmen und Lösungsversuchen, kann entsprechend der Rechtslage auch hier der Einsatz von unmittelbarem Zwang zur Durchsetzung einer polizeilichen erforderlichen Maßnahme mit Gewalt erwogen und gegebenenfalls durchgeführt werden. Auf der Basis, dass kein Lösungsweg gefunden werden kann, der vom polizeilichen Gegenüber akzeptiert wird oder dieses sich explizit dagegen widersetzt, wird dann auf Zwang inklusive der erforderlichen Zwangsandrohung verwiesen.

Auch wenn hier die Komplexität der Entscheidung zum Gewalteinsatz nur angerissen und die taktischen, ethischen und rechtlichen Aspekte der Lagebewertung nur ansatzweise skizziert wurden, sollte doch damit klar geworden sein, dass der Einsatz von Gewalt im KODIAK-Modell integraler Bestandteil und vor allem kein Widerspruch dazu ist.

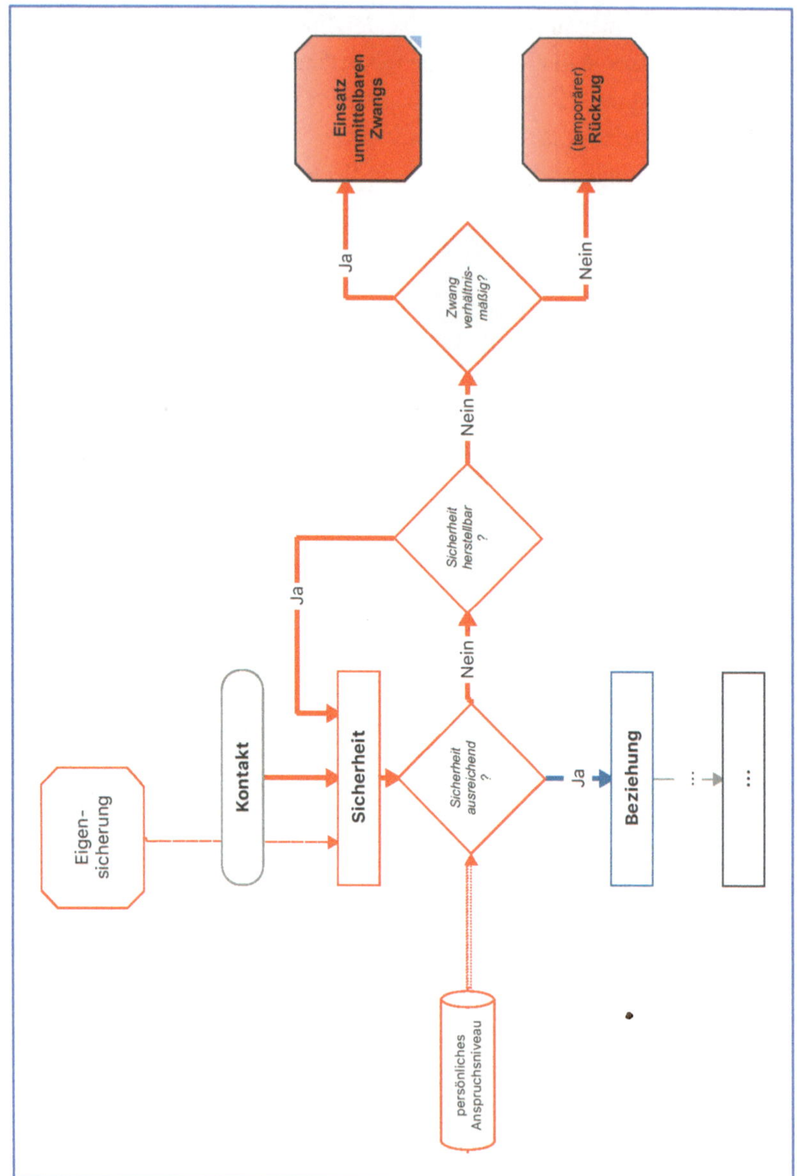

Abbildung 6: Verzweigung zum unmittelbaren Zwang (Rauten stellen die drei Bewertungen vor dem Einsatz von Gewalt dar)

7 Strategien, Taktiken und Techniken auf den Stufen

Auf jeder Stufe finden sich Strategien, Taktiken und Techniken und der Deeskalation (siehe Kapitel 5), die helfen, diese Stufe angemessen und deeskalierend zu bewältigen. Im Nachfolgenden werden die zentralen Techniken, Taktiken und Strategien jeweils in ihrer Funktion für die Stufe beschrieben. Selbstverständlich ist die Aufzählung weder vollständig noch abschließend. Für detailliertere Beschreibungen der einzelnen Techniken wird auf Quellen verwiesen.

7.1 Strategien, Taktiken und Techniken der Stufe „Sicherheit“

Durch die hohe Bedeutung der Sicherheit ist der Aspekt der Eigensicherung zentral und auf allen Stufen ein wichtiges Thema der Lagebeurteilung. Neben der Sicherheit der Einsatzkräfte ist aber auch die Sicherheit des polizeilichen Gegenübers zu bedenken. Auch diesem wird es schwerfallen, sich auf ein Gespräch zu konzentrieren oder einzulassen, wenn es sich in Gefahr wähnt. An dieser Stelle soll keine taktische Abhandlung aller möglichen Maßnahmen und Taktiken zur Eigensicherung stattfinden. Polizeiliche Einsatzkräfte sind in dieser Hinsicht geschult und verfügen über ein breites Wissen und Können in diesem Bereich. Deshalb sollen hier nur ein paar wenige, besonders wichtig erscheinende Aspekte erwähnt und betont werden, insbesondere, wenn sie in enger Beziehung zur Deeskalation zu stehen scheinen.

Das Modell kommunikativer Deeskalation in alltäglichen Konfliktsituationen (KODIAK) betont, dass ein Maß an Sicherheit die Grundlage für Deeskalation ist. Da dieses Maß subjektiv ist und die Bewertung dem eigenen Anspruch und den persönlichen Überzeugungen entspringt, muss die Kompetenzüberzeugung bezüglich der Eigensicherung und des Einsatzes von Gewalt hoch sein, damit die Sicherheitsbewertung Deeskalation umfassend zu lässt. Dies bedeutet, dass Einsatzkräfte, die deeskalieren sollen, auch über eine hohe Kompetenz der Eigensicherung und der Anwendung von unmittelbarem Zwang verfügen müssen, bzw. eine hohe

Einsatzkompetenz (Schmalzl, 2008). Nur wer sich entsprechend sicher fühlt, weil er/sie sich gut auch auf gefährliche Situationen vorbereitet sieht, kann entspannt deeskalieren (aus einer Position der Stärke heraus). Als Kompetenz, die für Deeskalation erforderlich ist, müssen Einsatzkräfte deshalb auch sehr gut in der Eigensicherung trainiert sein.

Eigensicherung beginnt bereits vor dem Kontakt. Hier sind mentale Vorbereitung, Absprachen mit der/dem Streifenkolleg*in, das Bereithalten von Einsatzmitteln und eine aufmerksame Annäherung grundlegend. Beim Kontakt muss die Situation „gescannt“ werden, d. h. es wird ein erster Überblick über die Lage eingeholt, der vor allem der Einschätzung der Sicherheit und dem Treffen von Eigensicherungsmaßnahmen gilt. Hierbei wird auch abgeglichen, ob die bei der Auftragserteilung erhaltenen Informationen tatsächlich zutreffen und inwieweit die zuvor getroffene Lageeinschätzung zu modifizieren ist.

Einsatztaktisch sind die schon als klassisch zu bezeichnenden Aspekte der Eigensicherung, wie Beobachtung und Kontrolle der Hände des Gegenübers, gewählte eigene Position und Distanz zum Gegenüber, zu beachten. Besonders zu erwähnen sind hier Maßnahmen zur Distanz, da diese nicht nur die Einsatzkräfte in Sicherheit bringt, sondern auch für das polizeiliche Gegenüber eine vergleichbare Bedeutung hat. Dies gilt insbesondere für psychisch kranke Personen, für die Nähe oftmals kritischer und handlungsauslösender ist als bei anderen Personen. Als weiterer wesentlicher Faktor muss das Nutzen von Deckung angesprochen werden. Polizeibeamt*innen scheinen zwar um die Wirkung von Deckung zu wissen, diese aber nur selten zu nutzen (Lorei & Balaneskovic, 2020), was mitunter leider fatale Folgen hat (Sessar, Baumann & Müller, 1980). Entsprechend sei hier der eindringliche Hinweis auf die Nutzung von Deckung erlaubt.

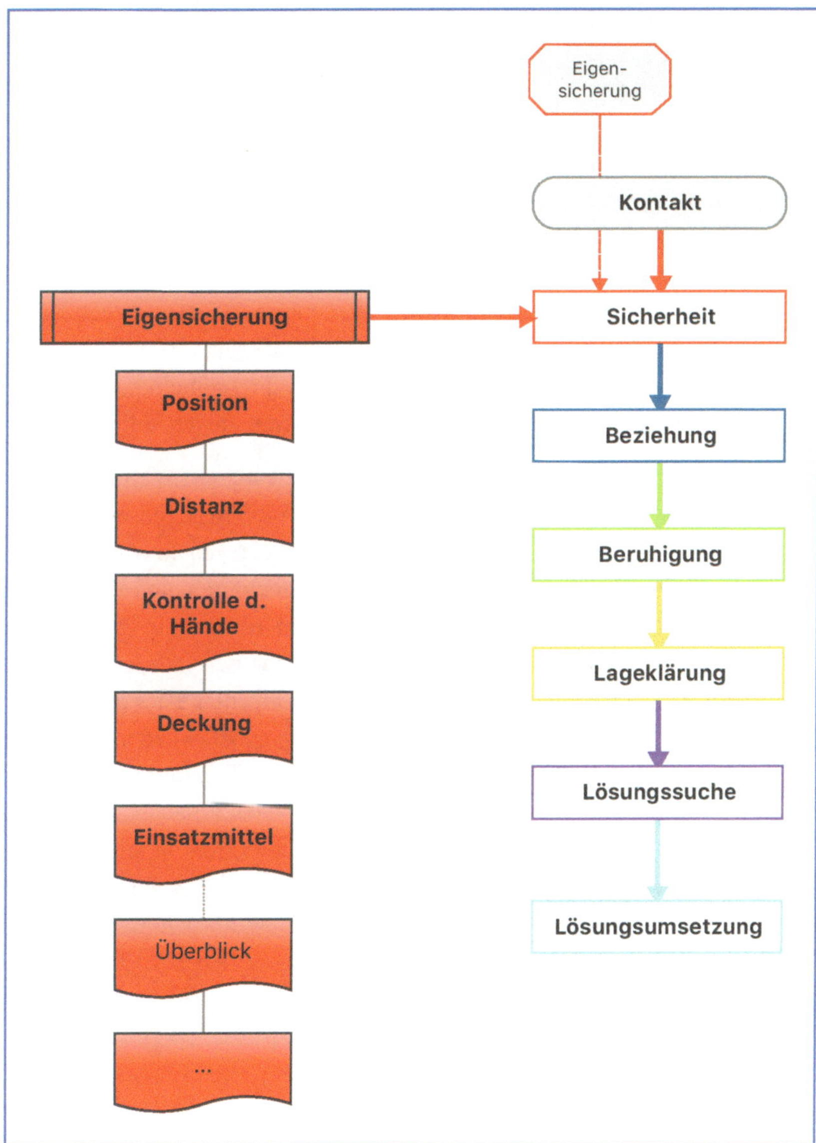

Abbildung 7: Strategien, Taktiken und Techniken der Stufe „Sicherheit"

7.2 Strategien, Taktiken und Techniken der Stufe „Beziehung“

Da die Beziehung zwischen den Interaktionspartner*innen Basis für weitere kommunikative Schritte und schließlich auch das Finden einer Lösung bzw. einer kooperativen Arbeitsweise darstellt, muss hier mit verschiedenen Strategien, Taktiken und Techniken gearbeitet werden (siehe Abbildung 9). Viele der unten genannten Techniken zum Beziehungsaufbau konnten ihre Bedeutung im Bereich der Vernehmung (Kelly, Miller, Redlich & Kleinman, 2013; Körner & Lemme, 2020) und auch Verhandlungen bereits beweisen. Fast schon als klassisch zu bezeichnende Strategien sind der respektvolle Umgang sowie Freundlichkeit und Höflichkeit. Ebenso kann ein „Warmreden“ eine Strategie darstellen.

Unter Respekt kann man das Zeigen von Gleichheit, Wertschätzung und Interesse, Rücksichtnehmen und Achtung vor dem anderen zu haben verstehen (vgl. Lindner, 2016). Anderen Respekt zu zeigen bedeutet, freundlich zu ihm/ihr zu sein, ihn/sie als gleichberechtigten und wertigen Menschen anzusehen, empathisch seine/ihre Bedürfnisse und Probleme zu sehen und als wichtig anzuerkennen, auf Fragen des Gegenübers einzugehen und zuzuhören, geduldig zu sein und Vorschläge des anderen aufzunehmen, seinen/ihren Leistungen Anerkennung zu zollen und Hilfe anzubieten (Lindner, 2016). In der respektvollen Kommunikation beachtet man die Meinung des/der anderen, ist offen und ehrlich, hört aufmerksam zu, lässt den anderen sein/ihr Gesicht bewahren, d. h. er/sie behält seine/ihre Würde und verliert nicht Ehre und Stolz (Pastoors, Becker, Ebert & Auge, 2019). Man zeigt Anerkennung für den/die andere*n und eventuell dessen/deren Handlungen (Pastoors, Becker, Ebert & Auge, 2019). Diesen Respekt fordern Einsatzkräfte häufig für sich ein. Entsprechend gilt es aber auch, diesen Respekt dem polizeilichen Gegenüber entgegenzubringen. Doch dies fällt nicht immer leicht und steht auch mit der Autorität, die Polizeibeamt*innen mitunter darstellen wollen, in Konflikt (Weber, 2020). Auch unter dem Gesichtspunkt Respekt kann der verbale Einstieg in eine solche Einsatzsituation gesehen werden. Wird hier mit Anweisungen ohne Erklärungen statt einer Begrüßung und z. B. Kontrollbegründung gearbeitet, kann dies einen eskalierenden Verlauf begünstigen (Rho, Harrington, Zhong, Pryzant, Camp, Jurafsky & Eberhardt, 2023).

Freundlichkeit und Höflichkeit, welche häufig an sozialen Normen orientiert sind, umfassen die Begrüßung, sich mit Namen und Dienststelle vorzustellen, den/die andere*n nach Namen, Situation etc. zu fragen und ihm/ihr aufmerksam und aktiv zuzuhören. Dabei zeigt man Respekt und Geduld. Dieser höfliche Umgang erwartet der/die Bürger*in von Polizeibeamt*innen (Fecher, Leuschner & Lutz, 2023). Er hilft, die Situation nicht zu eskalieren (Fecher, Leuschner & Lutz, 2023).

Als Warmreden kann man kurze kommunikative Akte, deren Inhalte weder besonders bedeutsam sind noch eine Schwierigkeit darstellen, verstehen. Das kann das Grüßen, Namennennen und nach dem Namen des anderen fragen, einfache Sachverhalte erfragen (nach dem persönlichen Befinden, nach dem Weg, dem Wetter oder sonstigen alltäglichen Dingen) und natürlich das Führen von Smalltalk sein. Gerade Fragen halten ein Gespräch am Laufen. Dabei eignen sich natürlich Fragen besser, deren Antworten offen sind, als geschlossene oder gar Ja-Nein-Fragen. Auch kann man vielleicht an vorherige Begegnungen anknüpfen. Mit dem Warmreden wird das sogenannte Eis gebrochen. Nebenbei erfährt man auch etwas über die kommunikativen Fähigkeiten des Gegenübers und kann dies nutzen und darauf Rücksicht nehmen, indem man das Sprachniveau entsprechend wählt, Fachsprache vermeidet und zielgruppenadäquat kommuniziert.

In der Taktik der persönlichen Verbundenheit wird eine kommunikative Beziehung durch Aufzeigen von Gemeinsamkeiten und Ähnlichkeiten der Interaktionspartner*innen aufgebaut. Vielleicht können auch gemeinsame Ziele und Interessen ausgetauscht werden, insbesondere auch für den aktuellen Einsatz. Dabei kann empathisches Verhalten diese Beziehung stärken. In die Richtung wirkt vielleicht auch die Zustimmung zu Aspekten des Gegenübers (Richmond et al., 2012).

Aus dem Vernehmungsbereich entstammen auch verschiedene Phrasen, welche in der ersten Phase der Begegnung helfen können, eine Beziehung aufzubauen (Körner & Lemme, 2020; siehe Abbildung 8).

Abholung	Willkommen heißen	„Sie wollen zu mir. Ich nehme Sie gleich mit hoch. Schön, dass Sie gekommen sind."
	Frage nach Befinden	„Und [Name], wie sieht's aus? Alles gut sonst, bis auf die Sache hier?"
Weg zum Büro	Einbezug Auskunftsperson	„Wollen wir Fahrstuhl fahren oder die Treppen gehen?"
	Frage nach Anreise	„Biste mit der Bahn gekommen, mhm? Nochmal Glück gehabt und trocken geblieben, hmh?"
	personalisiertes Nachfragen	„Ich habe gelesen, Sie wohnen ja nicht weit weg, wie sind Sie denn angereist?"
	an Bekanntes anknüpfen	„Was machen die Hunde?"
	Scherzen	„Ansonsten vom Zeitansatz müssen wir mal sehen. Vor Einbruch der Dunkelheit wollen wir dann fertig sein."
	Gefühle spiegeln	„Du hast nicht wirklich Lust, hier zu sein, oder?"
	Empathie / Angst nehmen	„Ihr Mann hatte schon gesagt, dass Sie schlecht geschlafen haben. Sie brauchen keine Angst haben, wir können über alles sprechen."
im Büro	Platz anbieten	„Du kannst hier vorne einmal Platz nehmen, mach's dir gemütlich."
	Pausen anbieten	„Wenn wir zwischendurch mal eine Pause machen wollen, sagen Sie Bescheid."

Abbildung 8: Idealtypische Phrasen zum Beziehungsaufbau für Vernehmungen nach Körner& Lemme, 2020

Strategien, Taktiken und Techniken des Beziehungsaufbaus sind nicht als einmalige Aktionen geeignet, sondern stellen kontinuierlich zu leistende Beziehungsverbindungen dar. Wird nämlich in der Interaktion Respektlosigkeit oder ein anderer „Antiwert" zu Respekt (vgl. Lindner, 2019) gezeigt, kann dies die Beziehung verschlechtern. Entsprechend muss unter Umständen dann wieder an der Beziehung gearbeitet werden, bevor man sich weiter mit Lösungen beschäftigt. Dabei kann dies wahrscheinlich nicht beliebig oft passieren, da irgendwann die Glaubwürdigkeit des Gegenübers sowie die Glaubhaftigkeit der Techniken angezweifelt werden wird und diese als nicht ehrlich gemeint angesehen und als Manipulation enttarnt werden. Sollte durch solche oder andere Ereignisse die Beziehung nachhaltig gestört sein, können Techniken der taktischen Maßnahmen helfen, eine Beziehung zwischen Polizei und Gegenüber aufzubauen: Hier kann nach ausführlicher Abwägung z. B. der/die polizeiliche Interaktionspartner*in ausgetauscht werden, um eine neue Basis für eine Beziehung zwischen Polizei und polizeilichem Gegenüber aufzubauen.

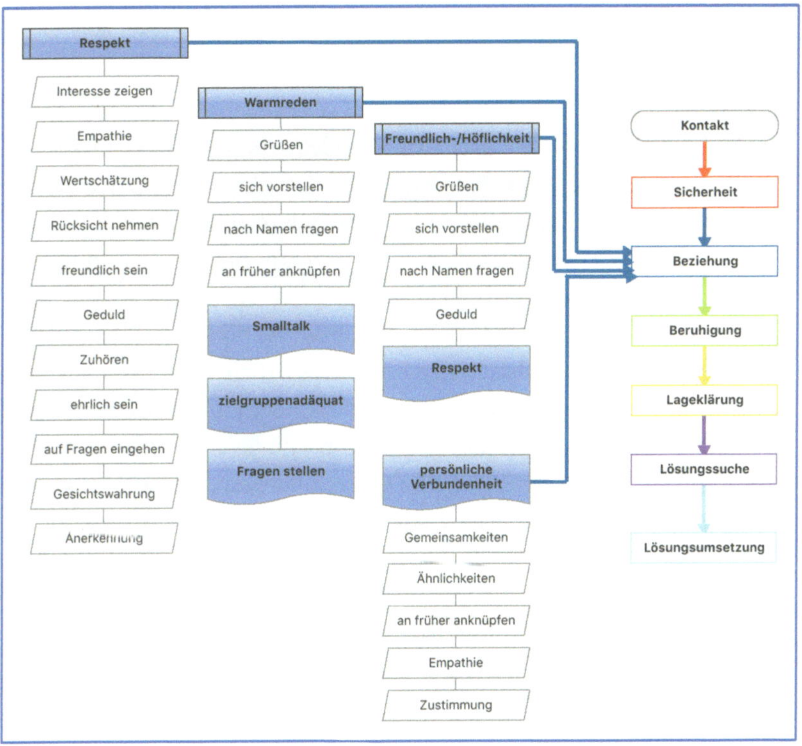

Abbildung 9: Strategien, Taktiken und Techniken der Stufe „Beziehung"

7.3 Strategien, Taktiken und Techniken der Stufe „Beruhigung"

Auf der Stufe „Beruhigung" geht es darum, das Erregungsniveau der Beteiligten zu senken, wie dies auch in Verhandlungslagen angestrebt wird (Grubb, 2023a). Dabei sind Strategien und Techniken zu unterscheiden, die auf der Seite des/der Deeskalierenden wirken sollen und solche, die diese*r einsetzt, um das polizeiliche Gegenüber, also den/die Deeskalierte*n, zu beruhigen. Es erscheint allgemein die Strategie des Stressmanagements (Siebecke & Kaluza, 2014) angebracht.

Auf der Seite des/der Deeskalierer*in sehen Siebecke und Kaluza (2014) als Akutfalltaktik die kurzfristige Erleichterung und verweisen hier vor allem auf die die Quart-A-(4A-)Taktik (Kaluza, 2011). Diese Taktik soll besonders in schlecht vorhersehbaren Belastungssituationen helfen, das Erregungsniveau zu kontrollieren und situativ angepasstes Handeln zu ermöglichen. Die Taktik besteht aus den vier Techniken Annehmen, Abkühlen, Analysieren und Ablenkung bzw. Aktion. Das Annehmen beinhaltet ein frühes Wahrnehmen der Stresssignale sowie das Akzeptieren der Situation an sich (also bewusst kein Hadern mit der Situation, sich zu fragen, warum das passiert etc.). Beim Abkühlen werden gezielt kurze Entspannungs-, Atem- oder Bewegungsübungen (z. B. Progressive Muskelrelaxation) durchgeführt, um das Stressniveau zu regulieren. In der Analyse wird die Situation bewusst betrachtet und eingeschätzt. Die Ablenkung ist ein gedankliches Sich-vom-Stressor-Abwenden (wenn dies die Lage zulässt, was in gefährlichen Situationen eher häufig nicht der Fall sein dürfte) oder das Durchführen einer Aktion zur Änderung der Situation hinsichtlich des Stressors.

Als Techniken sind weiterhin Methoden der Stresskontrolle einzusetzen. Als Stresskontrolltechniken verstehen Steingräber, Fischer und Gorzka (2021) alle Handlungs- und Verhaltensweisen während einer Hochstressphase, um das aufkommende Stressempfinden kontrollieren und bewältigen zu können und die physische und psychische Leistungsfähigkeit aufrechtzuerhalten. Dies umfasst Atemtechniken (vgl. Röttger, Theobald,

Abendroth & Jacobson, 2020), den Gedankenstopp, die positive Selbstinstruktion sowie Techniken der Spontanentspannung. Siebecke und Kaluza (2014) sehen in diesen Techniken Möglichkeiten, Erregungs-spitzen zu kappen, Eskalationsverläufe (hier sind Stressverläufe gemeint) zu unterbrechen und schneller auf Erholung umzuschalten. Sie empfehlen Techniken, die für Abkühlung und Ablenkung sorgen können. Dies sind für sie Wahrnehmungslenkung, positive Selbstgespräche, kontrollierte Abreaktion und eine systematische Spontanentspannung. Bei der Wahrnehmungslenkung wird die Wahrnehmung auf erregungsreduzierende, neutrale oder positive Gedanken oder Stimuli fokussiert. Positive Selbstgespräche beinhalten ein Sich-selbst-Motivieren und eine kognitive Reduktion der Differenz zwischen subjektiver Anforderung und subjektiv vermuteter Bewältigungskompetenz. Kontrollierte Abreaktion hilft, die körperlich programmierte Reaktion kontrolliert und adäquat durchzuführen, um sich zu entlasten.

Neben der eigenen Stressregulation erscheint es erforderlich, das polizeiliche Gegenüber zu beruhigen und bei seiner Stressregulation zu unterstützen. Dabei sind die meist gut gemeinten Sätze zu vermeiden, die aber wie das sprichwörtliche Öl im Feuer wirken können: „*Jetzt beruhigen Sie sich doch mal*!“ und „*Seien sie doch vernünftig*!“ Diese Anweisungen einem tobenden, sehr aufgebrachten hoch emotionalen Menschen entgegenzuschmettern, zeugt eher von eigener Hilflosigkeit, denn von Verständnis, Empathie und Interesse am Gegenüber. Damit signalisiert man genau das Gegenteil von dem, was die agitierte Person mit ihrem Kommunikationsversuch (=Schreien und Toben) erreichen will: Diese will nämlich, dass andere ihr zuhören, ihre Lage verstehen, gerade ihre emotionale Aufgebrachtheit wahrnehmen und sie sich erklären darf. Gleichzeitig signalisiert man mitunter auch, dass man selbst die Lage kaum aushält oder aushalten mag. Das zeugt weder von Souveränität und Kompetenz noch von Empathie und Hilfsbereitschaft. Dies gefährdet die zuvor mühevoll aufgebaute Beziehung und trägt nicht zur Entspannung bei.

Wichtig erscheint zunächst, dass die Einsatzkraft selbst Ruhe und Gelassenheit ausstrahlt (siehe Aspekte nonverbaler Kommunikation im Abschnitt 8.4), was aber nicht mit Gleichgültigkeit und Überheblichkeit verwechselt werden darf. Daneben gilt es insbesondere bei verängstigten Personen, Souveränität und Kompetenz auszustrahlen. Neben diesen nonverbalen Techniken findet sich auch die Taktik der Informierung. Da Stress, wie oben definiert, die subjektive Differenz zwischen Anforderung und Leistung ist, kann ein Informationsdefizit als Stressursache vorliegen: Die Person befindet sich in einer neuen, sie irritierenden Situation und fragt sich, was jetzt passiert. Sie versteht vielleicht auch nicht, was passiert ist etc. Stressmindernd wirkt dann, wenn man Informationen gibt (Lasogga, 2014). Kann die Person das Geschehene einordnen und versteht sie durch Erklärungen der Maßnahmen das Handeln der Polizeibeamt*innen, kann sie sich beruhigen. Dabei ist es auch notwendig, verständlich zu sprechen und Fachbegriffe etc. zu vermeiden. Ein der Zielgruppe adäquates Reden ist erforderlich, da jedes Unverständnis Stress gemäß der oben genannten Definition fördert und auch der Sender als überheblich, täuschend oder sonst wie negativ wahrgenommen werden könnte.

Indirekt auf das Stresslevel wirken sich alle Taktiken und Techniken aus, die der Strategie der Emotionsregulation dienen. Geht man von einer verängstigten Person als polizeiliches Gegenüber aus, können Taktiken und Techniken der Angstbewältigung helfen, das Erregungsniveau zu senken. Mitunter haben stark emotionalisierte Beteiligte ein großes Redebedürfnis (Lasogga, 2014), weshalb es helfen kann, sie reden zu lassen und ihnen zuzuhören, auch wenn die Details für die Lösung der Situation nicht hilfreich oder wichtig erscheinen. Dies kann ihren Bedürfnissen entsprechen und ihre Anspannung reduzieren. Zuhören ist also auch hier eine wichtige Technik.

Umfassender erscheint die Taktik des Ventilierenlassens (Hallenberger, Thielgen, Dornbach & Frick, 2020), welches dem Gegenüber die Möglichkeit geben soll, durch (erregtes) Reden Spannung abzubauen. Diese Taktik umfasst im Wesentlichen die Techniken des „Löschens", also das Ignorieren von Provokationen und auf Beleidigungen nicht einzugehen, des „Diskriminierens", bei dem erwünschtes Verhalten belohnt und damit lerntheoretisch verstärkt wird. Dabei ist Wert auf das Zuhören zu legen und nicht etwa das Gegenüber uninteressiert reden zu lassen (weitere Ausführungen bei Hallenberger, Thielgen, Dornbach & Frick, 2020).

Humor, eventuell in Verbindung mit Ironie oder Sarkasmus, stellt eine umstrittene Technik dar, die auch oft nicht im Curriculum der Deeskalation vorkommt (Lorei, Balaneskovic, Kocab, Groß, 2023a, b, c, d; Jaccard & Cojean, 2023). Einerseits kann sie sicherlich helfen, eine eingeengte Sichtweise und Stressbewertung zu lindern. Lachen oder auch nur kognitive Komik können stressreduzierend sein. Auch schafft Humor es, dass Zuhörer ihren kognitiven Fokus verschieben, was damit im Sinne einer Ablenkung wirkt (Jaccard & Cojean, 2023). Andererseits könnte aber der Eindruck entstehen, dass der/die Sender*in des Humors die Lage nicht ernst nimmt und sich über das Gegenüber lustig machen möchte. Im Sinne der Gesichtswahrung kann dies riskant sein. Humor darf keinesfalls demütigen oder kränken (Steffes-enn, 2020). Ganz sicher ist auch, dass Humor nicht zynisch wirken darf. Deshalb ist Humor ein sehr kritisch zu beurteilendes und bestimmt als weit hinten anzustellendes Werkzeug.

Die Technik der Geduld, mitunter in Verbindung einer hohen Selbstkontrolle und Toleranz gegenüber Frustrationen, kann helfen Stress abzubauen, da Geduld als Technik die Situation entschleunigt und den Zeitdruck nimmt, welcher häufig ein intensiver Stressor (für alle Beteiligten) ist. Somit dient Geduld sowohl der eigenen wie auch der Stressregulation des Gegenübers. Des Weiteren gibt Geduld dem Gegenüber Zeit für die eigene Stressbewältigung und ermöglicht erforderliche kognitive Prozesse wie Verstehen oder Nachdenken (siehe oben taktisches Zeitmanagement). Es ist zu berücksichtigen, dass es Zeit erfordert, sich zu beruhigen. Während ein „Sichzusammenreißen" vielleicht noch relativ schnell funktioniert, ist ein echtes physiologisches wie psychisches Beruhigen wesentlich langsamer (siehe oben taktisches Zeitmanagement). Dies darf nicht verwechselt werden, da „Zusammenreißen" Selbstkontrolle erfordert und damit labil ist. Da auch das Erregungsniveau bei einem/einer sich Kontrollierenden noch hoch sein kann, ist das Leistungsniveau noch nicht hergestellt und ein „Rückfall" auf den emotionalen Zustand möglich. Geduld ist also für „echte" Beruhigung unumgänglich.

Geduld signalisiert aber auch Empathie (man versteht, dass der andere Zeit braucht) und zeugt von einem ernsthaften Sichbemühen. Des Weiteren ist Geduld ein Zeichen von Respekt, da man dabei ja Zeit in sein Gegenüber investiert. Damit stellt Geduld eine sehr wichtige Technik dar, die auf verschiedenen Stufen des Modells Wirkung entfalten kann. Demgegenüber steht aber, dass diese Technik anscheinend bei Polizeibeamt*innen eher wenig beliebt ist. Geduldig mit dem Gegenüber umzugehen, sich Zeit zu nehmen und es mehrfach erneut zu probieren, kann also in vielerlei Hinsicht wesentlich sein (Mangold, 2011; Richmond et al., 2012; White et al., 2019; Tränkle, 2020; Wittmann & Posch, 2023). Letztendlich zeigt sich auch in der Praxis ein Zusammenhang zwischen dem geduldigen Umgang mit dem/der Bürger*in und dem Auftreten von Gewalt (van Reemst, Fischer & Weerman, 2022).

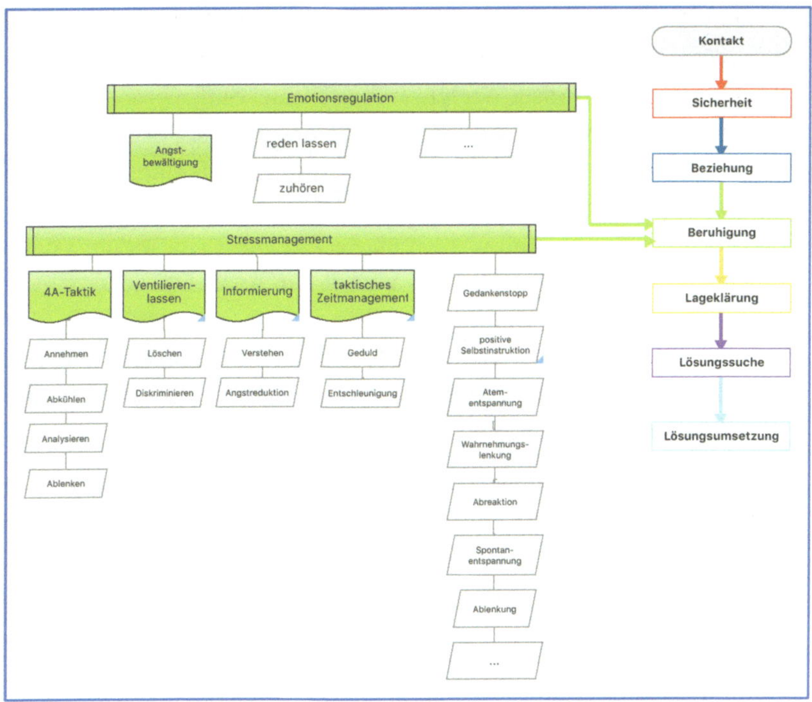

Abbildung 10: Strategien, Taktiken und Techniken der Stufe „Beruhigung"

7.4 Strategien, Taktiken und Techniken der Stufe „Lageklärung"

Zentrale Technik zur Informationsgewinnung (siehe Abbildung 11) und um den auf der ersten Stufe gewonnenen Überblick über die Lage zu vertiefen, ist sicherlich das Fragenstellen. Dabei sollte Interesse am Gegenüber sowie an dessen persönlicher Sicht gezeigt werden. Dieses Interesse kann dann auch als Basis für empathische Äußerungen dienen. Das Zuhören, insbesondere das aktive Zuhören, optimiert dabei den Informationsaustausch und festigt weiterhin die Beziehung. Dem Gegenüber die Möglichkeit zu geben, sich selbst zu erklären, offeriert Informationen zur Lagebeurteilung, aber auch Aspekte, die vielleicht bei der Lösungssuche für das Gegenüber von Bedeutung sein können. Dabei trägt es zur Beziehungsfestigung oder zum Beziehungserhalt bei. Deeskalierend wirkt dabei auch, dass durch die Selbstdarstellung ein Beitrag zum Gesichtserhalt geleistet werden kann. Wichtig sind auf dieser Stufe ebenso ein zielgruppenadäquates Kommunizieren und die Sachlichkeit. Sachlichkeit meint hier das wertungsfreie Erfragen und Feststellen z. B. durch aktives Zuhören. Dies bedeutet nicht, dass Emotionen hier keine Rolle spielen oder Empathie nicht gezeigt werden dürfte. Vielmehr geht es um Wertungsfreiheit und das Vermeiden von Vorwürfen. Auch dies sichert die Beziehung, aber auch den Informationsfluss, da das Gegenüber nicht überfordert wird und deshalb die verbale Kommunikation reduziert oder gar einstellt. Es stellt auch sicher, dass ein Verstehen zwischen den Parteien möglich ist, da weniger Missverständnisse aufkommen.

Selbstverständlich können auch Informationen über die Lage auf anderem Weg erhoben werden. Im Sinne der Deeskalation sollte aber unbedingt das Gegenüber in die Informationsgewinnung eingeschlossen werden, da dies einerseits dem Erhalt der Beziehung dient, andererseits aber auch wichtige Informationen liefern kann.

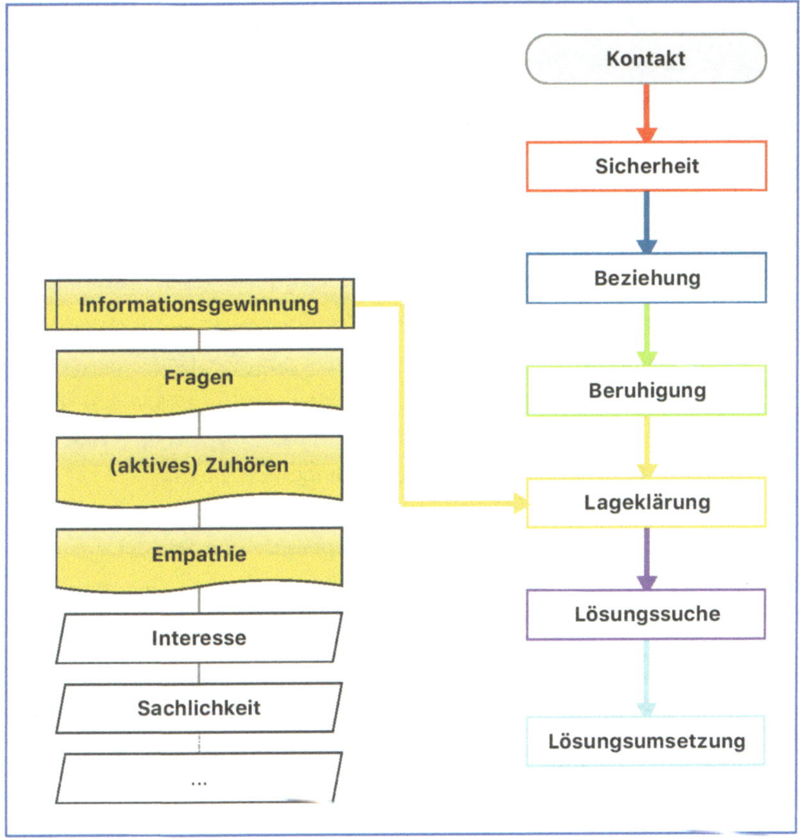

Abbildung 11: Strategien, Taktiken und Techniken der Stufe „Lageklärung"

7.5 Strategien, Taktiken und Techniken der Stufe „Lösungssuche"

Die Stufe „Lösungssuche" umfasst insgesamt Strategien des Konfliktmanagements, wie z. B. nach Glasl (1980), das Harvard-Konzept (Fisher & Ury, 1984) oder Aspekte der Modelle für Verhandlungen (siehe Kapitel 2.5; Grubb, 2023a). Wichtig dabei erscheint aus der Perspektive der Deeskalation (siehe Abbildung 12), dass auf dieser Stufe die Taktik „Akzeptanz schaffen" für die nachfolgende Lösungsumsetzung zum Einsatz kommt. Dies kann z. B. durch Lösungsangebote und Fragen nach Lösungsvorschlägen des Gegenübers erreicht werden. Mitunter konnten Aspekte davon ja bereits durch Zuhören auf niedrigeren Stufen erfahren werden. Dabei können auch Techniken der Psychologie des Überzeugens (vgl. Cialdini, 2021) hilfreich sein. Einsatzerfahrene Polizist*innen raten hier insgesamt zu einer gemeinsamen Problemlösung (Herr, Leuschner, Jaroschek, Balaneskovic, Niewöhner & Lorei, 2023). Mitunter kann ein Kompromiss (im Rahmen des Möglichen) deeskalierend wirken (Todak & White, 2019). Bedeutsam ist auch, dass Transparenz herrscht, indem erklärt und begründet wird, welche Verhaltensweisen man vom anderen erwartet und auf Fragen des Gegenübers eingeht. Dabei herrscht Sachlichkeit und mit möglichen Provokationen wird professionell umgegangen (vgl. Hermanutz, 2014). Das Einhalten der Regeln für Feedback (vgl. Werdes, 2014) kann hier helfen. Hallenberger (2014a, S. 155) sieht für diese Stufe Ich-Botschaften als zentrale Technik an, wenn er formuliert: *„Während „Aktives Zuhören" die kommunikative Schlüssel-technik mit dem Schwerpunkt des Aufnehmens darstellt, ist die Beherrschung von „Ich-Botschaften" eine notwendige Kompetenz des professionellen Konfliktmanagers für das Senden von Botschaften."*

Wenn man aufzeigen kann, wie ein angestrebtes Ziel auch anders erreicht werden kann (alternativer Weg zum Ziel), kann dies helfen, Verhaltensweisen zu unterdrücken, die nicht erwünscht sind. Aktives Zuhören ist eine weitere Taktik, um Akzeptanz zu schaffen und auch das Gegenüber ausreichend zu beteiligten, was Polizist*innen im Dienst auch so als hilfreich für die Bewältigung gefährlicher Situationen erleben (Herr, Leuschner, Jaroschek, Balaneskovic, Niewöhner & Lorei, 2023). Dem steht ein willkürliches Festsetzen ohne Erklärung und Einbezug des polizeilichen Gegenübers als Eskalationsmöglichkeit entgegen. Hier kann bei der Umsetzung Reaktanz (Brehm, 1966) erwartet werden. Lösungsansätze sollten berücksichtigen, dass das polizeiliche Gegenüber sein Gesicht wahren kann und möglichst kein Statusverlust droht. Falls ein Statusverlust unvermeidbar ist, sollte dies aber bedacht werden und eine Eskalation als Möglichkeit antizipiert werden, um von dieser Entwicklung nicht überrascht zu werden. Auch sollte das Gegenüber das Gefühl haben, mehr oder minder Kontrolle über den Ausgang der Lage zu haben. Metakommunikation kann Konflikte beschreiben und als Basis für Änderungen im Umgang miteinander dienen. Geduld kann hier einerseits der Lösungssuche ausreichend Zeit wie Inhalt verschaffen, aber auch die Ernsthaftigkeit signalisieren, mit der hier eine friedliche und für beide Seiten akzeptable Lösung gesucht wird.

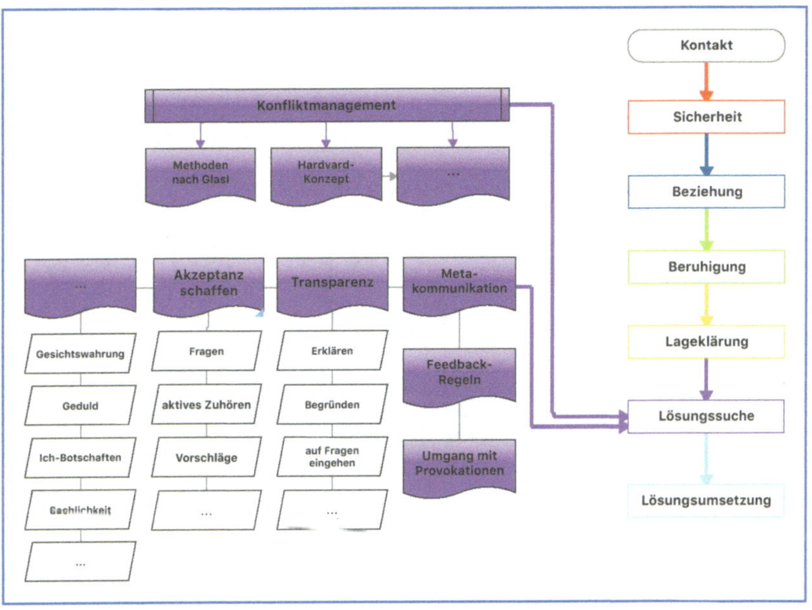

Abbildung 12: Strategien, Taktiken und Techniken der Stufe „Lösungssuche“

7.6 Strategien, Taktiken und Techniken der Stufe „Lösungsumsetzung“

Um auch während der Lösungsumsetzung deeskalierend aktiv zu sein (siehe Abbildung 13), sollte weiterhin für Transparenz gesorgt werden (vgl. die sogenannte einsatzbegleitende Kommunikation). So können Umsetzungsschritte erwähnt oder angekündigt werden. Ebenso ist die

Gesichtswahrung, also das Vermeiden von Demütigungen, im Auge zu behalten, da sich während der Umsetzung neue Aspekte im Verlauf der Maßnahme ergeben können, die diese gefährden. Letztendlich kann der Zustand des polizeilichen Gegenübers durch Fragen in Erfahrung gebracht und in die Umsetzung einbezogen werden. Dies kann die auf der vorherigen Stufe hergestellte Akzeptanz der Maßnahme weiterhin erhalten. Auch erscheint Geduld auf dieser Stufe angebracht, da eventuell das polizeiliche Gegenüber nicht so schnell reagieren kann, wie erwartet wird, oder sich der Ablauf auf Grund anderer Dinge verzögert.

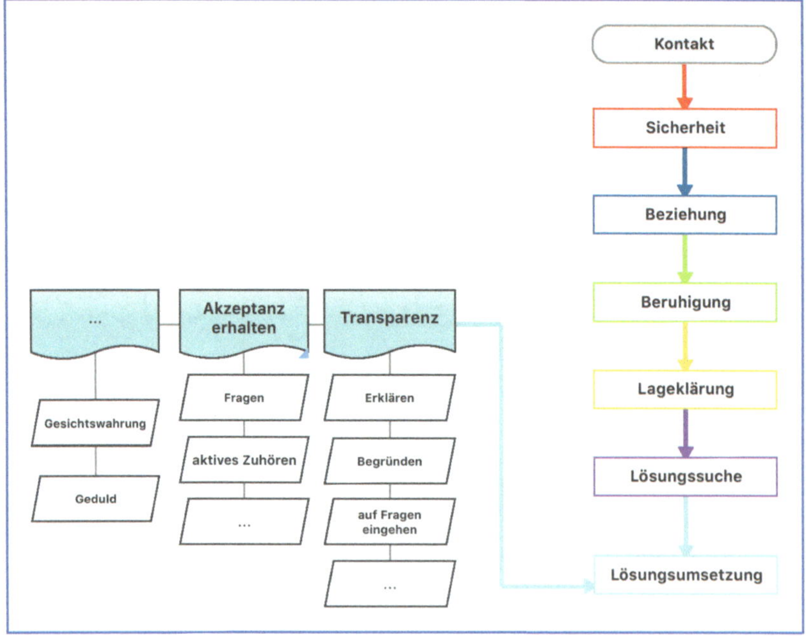

Abbildung 13: Strategien, Taktiken und Techniken der Stufe „Lösungsumsetzung"

7.7 Stufenübergreifende Strategien, Taktiken und Techniken

Nachdem versucht wurde, den einzelnen Stufen Strategien, Taktiken und Techniken zuzuordnen, kann nun die Perspektive umgedreht werden: Es werden einzelnen Strategien, Taktiken und Techniken Stufen zugeordnet. Strategien, Taktiken und Techniken, die gleichzeitig auf mehreren Stufen wirken, sollen als stufenübergreifend bezeichnet werden. Diese auf mehreren Ebenen parallel wirkenden Deeskalationsansätze sind von höchster Bedeutung, da sie auf einer niedrigeren Stufe bereits auch eine höhere Stufe ansprechen und dort eine Wirkung entfalten. Dadurch können Abläufe beschleunigt werden oder auch bei besonderer Bedeutung der Gleichzeitigkeit der Stufen diese gemeinsam angegangen werden. Solche Strategien, Taktiken bzw. Techniken sind zum Beispiel das aktive Zuhören, das sowohl auf der Stufe „Beruhigung", also auf der Stufe „Beziehung", wie auch auf der Stufe „Informationssuche" gleichzeitig ansetzt. Diese breite Wirkung und damit besondere Bedeutung zeigt sich für diese Taktik auch in ihrer Zentralität für die Verhandlungsmodelle (siehe Kapitel 2.5 und besonders Abschnitt 2.5.1). Grubb (2023a) bezeichnet das aktive Zuhören dabei als die Kerntechnik der Verhandlung („core technique used by negotiators"). Ähnliches gilt auch für die Taktik der Empathie, welche auf mehreren Stufen gleichzeitig wirken kann. Mitunter kann die Technik der Gesichtswahrung auch auf mehreren Stufen parallel Wirkung entfalten. Ganz sicher auf etlichen Stufen scheint Geduld bzw. das taktische Zeitmanagement bedeutsam.

8 Nonverbale Kommunikation

Da man in Interaktionssituationen nicht nicht-kommunizieren kann (Watzlawick, Beavin, & Jackson, 1969) und mit dem 4. Axiom der Kommunikation von Watzlawick, Beavin und Jackson (1969) digitale und analoge Modalitäten der menschlichen Kommunikation postuliert werden, muss festgestellt werden, dass nonverbale Kommunikation ein sehr großer und bedeutsamer Teil jeder Kommunikation und deshalb immanenter Bestandteil polizeilicher Interaktion in Einsätzen ist. Nonverbale Kommunikation umfasst nichtsprachliche Informationsträger, die nicht mit sprachlicher Information verbunden sind, wie Mimik, Gestik, Blickverhalten, räumliche Distanz, Körperhaltung, Berührung, äußere Erscheinung und paraverbale Informationen, die nicht aus Worten bestehen, die aber an Sprache und Lauterzeugung gekoppelt sind, wie Stimmhöhe, Lautstärke, Artikulation, Sprechpausen, Sprechgeschwindigkeit, Rhythmus, Betonung (vgl. Lorei & Litzcke, 2014). Nonverbale Kommunikation übernimmt Funktionen der Sprachunterstützung, des Sprachersatzes, der Steuerung sozialer Situationen und Kanalkontrolle, die Selbstdarstellung sowie die Übermittlung emotionaler Zustände und Einstellungen (vgl. Forgas, 1999). Von sehr hoher Bedeutung ist die Steuerung sozialer Situationen und Kontrolle der Kommunikationskanäle, da hier die nonverbale Kommunikation die Basis für verbale Kommunikation ist, indem sie den „Kommunikationskanal“ zwischen Sender*in und Empfänger*in öffnet und regelt. Ist kein „verbaler“ Kanal für die verbale Kommunikation „geöffnet“, kann auf diesem Wege auch keine Nachricht vermittelt werden. Von Bedeutung ist auch die Übermittlung emotionaler Zustände und Einstellungen durch nonverbale Kommunikation, da dies „emotional ansteckend“ wirken kann (Neumann, 2006). Von ganz besonderer Wichtigkeit ist aber auch, dass die nonverbale Kommunikation das verbal Gesagte moderiert, indem es Widersprüche zwischen verbalem Sachinhalt und der wahren Haltung des Senders aufzeigt. Sie bildet damit die Basis der Glaubhaftigkeit der verbalen Aussage. Im Falle eines Widerspruchs zwischen verbal Gesagtem und nonverbal Gezeigtem, ist es die nonverbale Botschaft, die in der Regel stärker wirkt und sich durchsetzt (vgl. Forgas, 1999, S. 128). Nonverbale Elemente können damit den Inhalt der gesagten Worte abmildern, aufheben oder sogar ins Gegenteil verkehren. Dabei entsteht nur dann Vertrauen, wenn verbale und nonverbale Aspekte kongruent sind. Da aber ununterbrochen nonverbal kommuniziert wird – egal ob beabsichtigt oder nicht und unabhängig, ob dies den Sendern und Empfängern bewusst ist oder nicht – wirken diese Informationsträger. Und da davon ausgegangen wird, dass jegliche polizeiliche Kommunikation auch einen Bezug zur Deeskalation hat, ist ebenso die nonverbale Kommunikation stets auf Deeskalation auszurichten. Dies wird auch durch die Erfahrung von Einsatzkräften bestätigt, wenn sie das eigene Auftreten als sehr wichtigen Aspekt für Einsätze erachten, welche eskalieren können (Herr, Leuschner, Jaroschek, Balaneskovic, Niewöhner & Lorei, 2023). Die nonverbale Kommunikation muss also den Stufen des Modelles entsprechend gestaltet sein, damit diese erreicht werden können.

Auf jeder Stufe ist die nonverbale Kommunikation zielgerichtet zur Unterstützung der Deeskalation zu gestalten. Mit passenden nonverbalen Signalen sind entsprechende Strategien und Taktiken zu verfolgen, zu begleiten und zu unterstützen.

Bei den nachfolgend beispielhaft genannten Aspekten der nonverbalen Kommunikation gilt es zu beachten, dass die Hinweise unvollständig sind und es Situationen geben kann, in denen sie nicht die erhoffte Wirkung zeigen, genau das Gegenteil bewirken oder unangepasst erscheinen können.

8.1 Aspekte der nonverbalen Kommunikation im Moment des Kontaktes

Treffen Polizeibeamt*innen und polizeiliches Gegenüber aufeinander (Kontakt), beginnen sie auch automatisch miteinander zu interagieren, da man nicht nicht-kommunizieren kann. Hier wird in kürzester Zeit ein erster Eindruck vermittelt, der dann auch in gewissem Umfang prägend ist (vgl. Thielgen & Schade, 2023). Wesentliche Aspekte dieses Eindruckes sind die Zuschreibung von Attraktivität, Sympathie, Vertrauen, Kompetenz und Aggression (vgl. Thielgen & Schade, 2023). Damit ist der erste Eindruck für die Deeskalation hoch relevant. Dieser erste Eindruck basiert auf dem Erscheinungsbild, welches u. a. Kleidung, Körpermodifikationen, Schmuck, Frisur, Geschlecht, Alter, Körpermaße (Thielgen & Schade, 2023) und einige weitere nonverbale Signale sowie die Einsatzmittel umfasst. Mitunter ist nicht immer vorhersehbar, wann der Kontakt eintritt: So kann eine Person bei einem Streifengang kontrolliert werden, weil sie sich auffällig verhalten hat. Dabei muss der erste Eindruck der einschreitenden Beamt*innen aber nicht erst entstehen, wenn sie diese Person ansprechen. Vielmehr ist es möglich, dass die Person die Beamt*innen bereits von einiger Entfernung wahrgenommen hat und so der erste Eindruck bereits entstanden ist. Ähnliches kann gelten, wenn das polizeiliche Gegenüber die Polizist*innen von sich aus anspricht. Mitunter ist auch der Kontakt unerwartet, wenn man z. B. bei einem Einsatz im Rahmen häuslicher Gewalt die Personen im ersten Stock eines Wohngebäudes vermutet, diese aber beim Eintreffen mit dem Streifenfahrzeug bereits aus dem Haus kommen. Da in dieser Kontaktphase bereits Deeskalation stattfindet, muss zu jeder Zeit auch nonverbal so aufgetreten werden, dass dies als Basis für den weiteren Ablauf dienen kann und nicht erst mit viel Mühe der erste Eindruck revidiert werden muss.

Als wesentliche Aspekte dieser Stufe dürften das allgemeine Erscheinungsbild, insbesondere das ordentliche Tragen der Uniform (Thielgen & Schade, 2023) einen ersten Eindruck formen.

Dieser spielt auch unter dem Gesichtspunkt der Eigensicherung (also Stufe „Sicherheit“) eine Rolle, ebenso wie nonverbale Zeichen der Gerichtetheit und Interaktionsbereitschaft. Diese Signale öffnen einen Kommunikationskanal zum polizeilichen Gegenüber, damit neben der nonverbalen dann auch verbale Kommunikation erfolgen kann. Hier scheint eine Körperausrichtung sowie Blick in Richtung der Interaktionspartner*innen angebracht.

Die Wirkung der Einsatzmittel ist heterogen (vgl. Thielgen & Schade, 2023), sie können sowohl aggressionsförderlich wie auch -senkend bzw. abschreckend wirken. Da die Wirkung weder eindeutig ist, noch diese anders getragen werden können und ein Ablegen oder Verstecken aus Eigensicherungsgründen nicht infrage kommt, stellt sich nur die Frage, wie sie präsentiert werden. Dies meint, ob sie berührt werden oder gar einsatzbereit gehalten („gezogen“) werden. Dies scheint aber nur für sehr spezifische Einsatzanlässe diskutabel und muss eher auf der Stufe der Sicherheit thematisiert werden.

8.2 Aspekte der nonverbalen Kommunikation auf der Stufe „Sicherheit“

Die Stufe „Sicherheit“ ist selbstverständlich von der Eigensicherung geprägt. Zu bedenken ist dabei, dass hier nicht nur die eigene Sicherheit von Bedeutung ist, sondern auch die des Gegenübers. Insgesamt ist die nonverbale Kommunikation so zu gestalten, dass für beide Seiten der Interaktion ein akzeptables Maß an Sicherheit besteht, und damit erscheint ein Kompromiss – wie oben bereits beschrieben – unumgänglich. Zentral erscheinen auf dieser Stufe nonverbale Zeichen der Handlungsbereitschaft und Souveränität. Hingegen sind Opfersignale wie auch Dominanzsignale zu vermeiden, da sie Eskalation entfachen können. Mitunter kann es sinnvoll erscheinen, eine Gewaltbereitschaft zu zeigen, um den Einsatz von Gewalt durch eine entsprechende Bedrohung zu verhindern. Dies bedeutet jedoch möglicherweise den Ausstieg aus einer kommunikativen Lösung, den Verlust einer Kooperationsbasis durch erzwungenen Gehorsam und ist quasi das vorletzte Mittel vor dem Einsatz von Gewalt als letztes Mittel.

Nonverbale Kommunikation ist ein zentrales Element polizeilicher Eigensicherung, auf das insbesondere im Umgang mit Gewalttäter*innen geachtet werden muss. Nicht nur, dass sich in nonverbalen Signalen des Gegenübers Angriffe ankündigen können (siehe Lorei & Litzcke, 2014), sondern vor allem verstehen sich viele Gewalttäter*innen sehr gut auf die Deutung dieser Signale (Brand, 2009). Sie verstehen es, Menschen einzuschätzen, ob diese als Opfer geeignet sind oder eher eine*n Gegner*in darstellen. Dabei spielen vor allem Körpersprache allgemein sowie im Besonderen der Gang, die Stimme, der Blick, aber auch die Größe und das Gewicht des/der Polizeibeamt*in eine zentrale Rolle. Dies zeigt auch eine Studie des FBIs zur Tötung von Polizeibeamt*innen in den USA (Pinizzotto & Davis, 1999). Der Ausgang einer Interaktion von Täter*innen mit Polizeibeamt*innen hing auch davon ab, wie die Angreifer*innen die Polizeibeamt*innen wahrnahmen. Zum Beispiel ist es riskant, wenn ein*e Täter*in den Eindruck gewinnt, dass ein*e Polizeibeamt*in ihn/sie nicht als gefährlich wahrnimmt, weil er/sie keinerlei Vorsichtsmaßnahmen trifft, wie beispielsweise Distanz halten, Blick zuwenden, verbale Aufforderung, Hand an der Waffe, zu lockere und entspannte Stimme. Auch können Merkmale wie Übergewicht, nachlässige Kleidung (siehe Stufe „Kontakt“), Lockerheit, Inkonsequenz, Unaufmerksamkeit oder unprofessionelles Auftreten und Handeln dazu führen, dass Angreifer*innen Polizeibeamt*innen als mögliches Angriffsopfer klassifizieren (Pinizzotto & Davis, 1999): Mehr als die Hälfte der Täter*innen beschrieb die Getöteten als unvorbereitet oder überrascht in der Konfrontation. Umgekehrt schützt ein nonverbal bedrohliches und lautes Verhalten der Polizeibeamt*innen diese nicht und war Eigenschaft von 40 % der Getöteten. Als Konsequenz aus dieser Studie empfiehlt das FBI ein „professionelles Auftreten“ (Uniform Crime Reports Section, 1994, S. 42).

Man kann Empfehlungen für nonverbale Kommunikation immer nur in Verbindung mit den Einsatzzielen und unter Berücksichtigung des/der Empfänger*in sowie der konkreten Situation geben: Während in einer Situation dominantes Auftreten das Gegenüber zu Gehorsamkeit anregt oder erzwingt, kann dies in einer anderen Einsatzlage als Provokation verstanden werden und das polizeiliche Gegenüber aggressiv werden lassen. Als Ausgangsposition für ein kooperatives Miteinander kann es aber dann nicht dienen. Das Vertrauen in den/die drohende*n Beamt*in ist verloren, reaktante Verhaltensweisen können auftreten (Brehm, 1966). Während in einer Situation ein ruhiges und dem/der Kommunikationspartner*in zugewandtes und aufmerksames Kommunizieren deeskalierend wirkt, kann dieses Verhalten in einem anderen Zusammenhang oder von einer anderen Person als Schwäche interpretiert werden. Insgesamt bevorzugen und empfehlen erfahrene Polizeibeamt*innen, souverän und selbstsicher zu wirken (Herr, Leuschner, Jaroschek, Balaneskovic, Niewöhner & Lorei, 2023).

Als nonverbale Opfersignale gelten Signale, die häufig als Unterwürfigkeit, Schwäche oder Verletzlichkeit wahrgenommen werden, wobei der Gang einer Person eines der entscheidenden Kennzeichen zu sein scheint (Grayson & Stein, 1984; Murzynski & Degelmann, 1996; Gunns, Johnston & Hudson, 2002). Weniger empirisch belegt erscheint eine unterwürfige Haltung, welche durch einen gebeugten Körper, hochgezogene Schultern, einen zum Schutz eingezogenem Kopf und einen wenig stabilen, geringer als schulterbreiten Stand geprägt ist. Dabei scheint eine als Opfer wahrgenommene Person ihren Blick eher nach unten zu richten. Weiterhin können nonverbalen Signale, die auf geringe Aufmerksamkeit (Smith, 2003) und körperliche Schwäche hindeuten, die Wahrscheinlichkeit erhöhen, Opfer zu werden.

Ein zentraler nonverbaler Kommunikationskanal für Dominanz ist das Blickverhalten, wobei hier längerer Augenkontakt bei dem/der Angeschauten den Eindruck von Dominanz des/der Blickenden vermittelt (Burgoon et al., 1984; Thayer, 1969) und eventuell Aggressionen auslöst. Auch die Distanz zwischen Personen kommuniziert Dominanz (Burgoon et al., 1984): Bei geringerer Distanz werden Personen eher als dominant empfunden. Aguinis, Simonsen und Pierce (1998) fanden eine hohe Zuschreibung von legitimer Macht, wenn der Gesichtsausdruck eher entspannt wirkt im Unterschied zu einer nervös wirkenden Mimik.

8.3 Aspekte der nonverbalen Kommunikation auf der Stufe „Beziehung“

Blickkontakt als Kanalöffner der Kommunikation erscheint extrem wichtig. Dabei ist ein Starren natürlich zu vermeiden und ein natürlicher, kulturell adäquater Blickkontakt anzustreben (Lorei & Litzcke, 2014).

Heubrock und Palkies (2008) sehen die Synchronisation verschiedener nonverbaler Elemente, wie Gestik, Mimik, Haltung, Bewegung und paraverbale Aspekte, als beziehungsstiftend. Offenheit und Zugewandtheit zum Gegenüber zeigt sich in einer entsprechend zugewandten Haltung zum Gegenüber (vgl. Lorei & Litzcke, 2014). Auch Interesse am anderen erfordert Blickkontakt und Zuwendung des Körpers. Respekt beinhaltet auch die richtige Distanz zum Gegenüber. Ebenso sollten Berührungen wohlüberlegt sein. Respektlos, vielleicht sogar übergriffig und damit beziehungsgefährdend wirkt hier möglicherweise ein ungewolltes Eindringen in persönliche Distanzzonen und ein plumpes Anfassen. Kulturelle Aspekte sind dabei zu berücksichtigen (vgl. Lorei & Litzcke, 2014). Alle den Handlungen zum Beziehungsaufbau widersprechenden nonverbalen Signale (vgl. Lorei & Litzcke, 2014) können die Beziehung infrage stellen.

8.4 Aspekte der nonverbalen Kommunikation auf der Stufe „Beruhigung“

Auf der Stufe der „Beruhigung“ sollen Rationalität und relative Ruhe erreicht werden, indem die Aufregung, also der Stress, der beteiligten Personen verringert wird. Hierbei kommen dann – wie oben beschrieben – Techniken der Stresskontrolle (vgl. Steingräber, Fischer & Gorzka, 2021) zum Einsatz. Nonverbal können zur Unterstützung der Senkung des eigenen Stresslevels neben diesen Techniken auch das Einnehmen einer entsprechenden Körperhaltung (aufrecht stehen, Schulter nach unten ziehen und Brustkorb nach vorne ausrichten), Mimik (Stirn-, Augen- und Mundpartie entspannen) sowie Gestik (keine oder wenige Adaptoren und eher langsame Handbewegungen; am besten Hände „parken“, d. h. in eine ruhende aber (verteidigungs-)bereite Position bringen) empfohlen werden, da hier eine Rückkopplung der nonverbalen Pose auf die eigene emotionale Erfahrung stattfindet (Neumann, 2006). Ebensolches gilt für paraverbale Aspekte, wie Lautstärke der Sprache und Sprechgeschwindigkeit, eben ein ruhiges Sprechen (Grubb, 2023a). Das Distanzverhalten ist nicht nur aus Gründen der Eigensicherung anzupassen, sondern auch aus Stressgesichtspunkten, da eine Unterschreitung der Distanz als bedrohlich (Forgas, 1999; Grubb, 2023a) erlebt wird und damit auch das Stressniveau steigt. Selbiges gilt auch für Berührungen, welche analog der Distanz noch strikter geregelt sind und oftmals deutliche Reaktionen hervorrufen.

Während diese nonverbalen Signale vorrangig auf die eigene Stressregulation ausgerichtet sind, gelten sie ebenso für das Gegenüber: Auch hier beeinträchtigen Signale von Stress der einen Person (Sender) das Stressempfinden der anderen (Empfänger): Unruhiges, hektisches Handeln, schnelles und lautes Reden führen auch zu einem Stressanstieg der Person, die dies beim anderen wahrnimmt (Neumann, 2006). Auch erfahrene Polizeibeamt*innen sehen in einem ruhigen Auftreten einen entscheidenden Aspekt für die Bewältigung gefährlicher Situationen (Herr, Leuschner, Jaroschek, Balaneskovic, Niewöhner & Lorei, 2023). Entsprechend ist nicht nur zur eigenen Stressregulation Ruhe zu bewahren, sondern auch zum Beruhigen des Gegenübers. Das Unterschreiten von Distanzen oder Berühren kann das Stressniveau des/der Berührten schlagartig ansteigen lassen.

Neben dem Ausstrahlen von Ruhe und Gelassenheit, was nicht verwechselt werden darf mit Gleichgültigkeit und Überheblichkeit, gilt es insbesondere bei verängstigten Personen, Souveränität auszustrahlen. Dies meint keine Dominanz, sondern ein „Im-Griff-Haben" der Situation, welches von Selbstvertrauen und adäquater Kontrollüberzeugung geprägt ist. Verängstigt sind nämlich in solchen Situationen nicht nur Opfer, sondern auch Täter*innen oder allgemein Personen in psychischen Ausnahmesituationen. Mitunter wird deren Verhalten auf Grund von Angst von Beobachter*innen als Aggression fehlgedeutet. Hier kann Hilfreiches der psychischen ersten Hilfe (Lasogga, 2014) entlehnt werden. Dort trägt bei Opfern zur Beruhigung bei, wenn die Opfer den Eindruck haben, dass sich andere Personen ihrer Sache kompetent und professionell annehmen. Das Zeigen von Kompetenz wird durch ein ruhiges und sicheres Auftreten demonstriert, sowie wenn Maßnahmen ruhig vorgenommen und erklärt werden (Lasogga, 2014). Mitunter kann Körperkontakt beruhigen, wenn eine Hand gehalten oder eine Hand auf den Arm gelegt wird (Lasogga, 2014). Dies ist jedoch wohl zu überlegen und erfordert eine sehr kritische Beurteilung u. a. bezüglich der Eigensicherung und des persönlichen Distanzempfindens. Da sich Ängste aber auch in Wut und die damit verbundene Anspannung steigern, wenn Personen angelogen werden, sind ebenso alle Arten von Signalen, welche als Anzeichen einer Lüge gedeutet werden können (vgl. Lorei & Litzcke, 2014), zu vermeiden.

8.5 Aspekte der nonverbalen Kommunikation auf der Stufe „Lageklärung"

Die Aspekte der nonverbalen Kommunikation auf dieser Stufe ergeben sich aus den einzusetzenden Techniken der Deeskalation. Grundsätzlich muss auf dieser Stufe Offenheit und Interesse an den Informationen und Meinungen des Gegenübers signalisiert werden. Dies zeigt sich u. a. im Blickkontakt und einer zugewandten Haltung. Die nonverbalen Teile des aktiven Zuhörens (z. B. Nicken etc.) unterstützen dies.

8.6 Aspekte der nonverbalen Kommunikation auf der Stufe „Lösungssuche"

Auch diese Stufe ist geprägt von nonverbalen Signalen der Offenheit und des Interesses am Gegenüber. Dies zeigt sich weiterhin u. a. im Blickkontakt und in einer zugewandten Haltung, die nonverbale Teile des aktiven Zuhörens (z. B. Nicken etc.) unterstützen. Da auch Geduld sehr wichtig auf dieser Stufe zu sein scheint, ist darauf zu achten, keine Signale von Ungeduld zu senden (z. B. Beinwippen, Adaptoren, hektisches Herumschauen, mit den Händeln schnell und viel gestikulieren).

8.7 Aspekte der nonverbalen Kommunikation auf der Stufe „Lösungsumsetzung"

Auf dieser Stufe sind die Aspekte der nonverbalen Kommunikation der Stufen zuvor im Wesentlichen beizubehalten.

9 Hinweise zur Pädagogik und Didaktik

KODIAK hat den Anspruch, wissenschaftlich fundiert Orientierung für praktisches Einsatzhandeln zu liefern. Damit soll es einerseits evidenzbasiert sein und die Komplexität und die Dynamik des Phänomenbereichs möglichst umfassend und vollständig abbilden. Andererseits verlangt diese Zielsetzung eine pragmatische Lern- und Anwendbarkeit. Dies zu vereinen, erfordert gleichsam einen Spagat zwischen Einfachheit und Komplexität, zwischen theoretischer Vielfalt und pragmatischer Reduktion auf für die Anwendbarkeit in Hochstresssituationen zentral Erscheinendes. KODIAK will sich weder in das Lager des einen noch des anderen Pols schlagen, sondern die Spannung dazwischen reduzieren.

9.1 Lernlevel

Damit das anspruchsvolle Handeln der Deeskalation erlernbar ist, wird der Lernprozess in drei Level unterteilt.

9.1.1 „Base-Level"

Auf einer ersten grundlegenden Lernstufe („Base-Level") fokussiert der Lernprozess auf die Stufen „Sicherheit", „Beziehung" und „Beruhigung" von KODIAK. Es ist davon auszugehen, dass gerade diese Stufen in konflikthaften alltäglichen Einsatzsituationen erheblich dazu beitragen können, die Situation zu entspannen und die Interakteure gesprächs- und verhandlungsbereit zu machen. KODIAK kann hier deutlich Orientierung für das Handeln geben. Dabei erscheint eine Reduktion auf zentrale und grundlegende, quasi universelle Techniken angebracht, um den Lernenden auf dieser Stufe mit einem vertretbaren Lernaufwand handlungssicher zu machen. Auf jeder Stufe wird eine Auswahl an Techniken als grundlegend und wesentlich (Essentials) angesehen. Zusätzlich kann das Spektrum an Techniken erweitert werden (Optionals), wenn diese z. B. bereits vorhanden sind oder aus speziellen Gründen erforderlich erscheinen (z. B. Länderspezifika im Curriculum). Es wird deshalb vorgeschlagen, sich auf nachfolgende Techniken zu konzentrieren:

- Stufe „Sicherheit“: Hier wird auf Techniken der Aus- und Fortbildung zur Eigensicherung verwiesen. Eine Auswahl erscheint nicht angebracht, vielmehr ist eine umfassende Eigensicherungskompetenz Basis der Deeskalation (siehe Axiom 2). Alle Techniken, Taktiken und Strategien zur Eigensicherung sind grundlegend und wesentlich (Essentials).
- Stufe „Beziehung“: Respekt, aktives Zuhören, Empathie, Geduld, Fragen, Zielgruppen adäquate Sprache
- Stufe „Beruhigung“: Atementspannung, Entschleunigung, Geduld, aktives Zuhören, taktisches Zeitmanagement

Als weitere Kompetenzen bzw. Aspekte dieses Levels scheint im Lernprozess Nachfolgendes zu berücksichtigen:

- Grundlegende Reflexion über Deeskalation sowie über das eigene Mind-Set
- Zielgerichtetes Handeln
- Grundlegendes Verständnis von KODIAK
- Wechsel zum unmittelbaren Zwang

9.1.2 „Advanced-Level“

Der „Advanced-Level“ baut auf dem „Base-Level“ auf. Hier werden vor allem die Stufen des „Lageklärung“, der „Lösungssuche“ und der „Lösungsumsetzung“ fokussiert. Daneben werden die Handlungsoptionen der vorherigen Stufen wiederholt, gefestigt und möglicherweise um Techniken erweitert. Als essentielle Techniken (Essentials) erscheinen hier:

- „Lageklärung“: Fragen stellen, Geduld, aktives Zuhören, Empathie
- „Lösungssuche“: Gesichtswahrung, Geduld, Ich-Botschaften, Transparenz
- „Lösungsumsetzung“: Transparenz, Gesichtswahrung, Geduld

Optionals sind hier verschiedene Strategien der Konfliktbewältigung.

9.1.3 „Expert-Level"

Auf diesem Level wird davon ausgegangen, dass für jede Stufe von KODIAK ein umfassendes Portfolio von Strategien, Taktiken und Techniken beherrscht wird. Auf diesem Level wird dann vom Stufenkonzept von KODIAK abgewichen: Es werden also die ersten drei Stufen („Sicherheit", „Beziehung" und „Beruhigung") nicht mehr als sequenziell zu durchlaufen angesehen, sondern werden mehr oder minder gleichzeitig bearbeitet. Dies bedeutet, dass ihre Bedeutung für die Deeskalation gleichzeitig beachtet wird und daran parallel (z. B. mittels stufenübergreifender Techniken) gearbeitet wird.

9.2 Stufen des Kompetenzerwerbs

Deeskalation wird sehr unterschiedlich in Lernvorgänge eingebettet (Lorei, Balaneskovic, Groß & Kocab, 2023; Lorei, Balaneskovic, Kocab & Groß, 2023a, b, c, d). Dabei kann sowohl die Organisation des Lernens wie auch der Umfang die Frage aufwerfen, welche Kompetenzstufe die Lernenden bezüglich des Deeskalierens erreichen. Deeskalation kann einerseits Aspekte von *kognitiven Leistungen* haben und damit an den Taxonomiestufen nach Bloom (1972) gemessen werden. Werden z. B. die Techniken, Taktiken oder Strategien kennengelernt, so kann die Stufe „Wissen" und „Verständnis" erreicht werden. Für den Einsatz in der Praxis erscheint aber zwingend die „Anwendung" als Ziel erforderlich. Dabei muss hier berücksichtigt werden, dass dieses Anwenden eher einer intellektuellen Leistung, denn einem Handeln in einer gefährlichen Hochstresssituation entspricht. Deshalb erscheint die Bloomsche Taxonomie nicht ausreichend. Vielmehr muss man das Deeskalieren als eine *psychomotorische Leistungen* auffassen (Harrow, 1972; Dave, 1970). Als Kompetenzstufen in diesem Zusammenhang erscheinen:

- „Imitation": kann Deeskalationstechniken nachahmen wie er/sie diese bei anderen wahrgenommen hat
- „Manipulation": kann Instruktionen folgen und so deeskalieren
- „Präzision": kann Deeskalationstechniken in einem anderen Zusammenhang als der Lernsituation anwenden

- „Handlungsgliederung“: kann verschiedene Deeskalationstechniken bewusst aufeinander abstellen, kombinieren und optimieren
- „Naturalisierung“: setzt Deeskalationstechniken automatisch und ohne Überlegen und Nachdenken ein

Als Ziel für gefährliche Einsatzsituationen am Rande des Einsatzes von Zwang unter hohem Stress scheint eine sehr hohe, wenn nicht sogar die höchste, Kompetenzstufe sinnvoll. Dies macht dann aber zwangsläufig zwei Konsequenzen notwendig:

1.) Bei einem begrenzten Umfang an Lernaufwand muss man sich zunächst auf die grundlegenden und wesentlichen Aspekte (Essentials und „Base-Level“ KODIAK) beschränken.
2.) Um nicht nur Techniken zu kennen (Bloomsche Taxonomie kognitiver Leistungen, 1972), sondern diese quasi automatisch (Stufe „Naturalisierung“ der Taxonomie nach Dave, 1970) in entsprechenden Situationen einsetzen zu können, muss ein umfassendes Lernen und Üben stattfinden.

10 Exemplarische Anwendung

Im Nachfolgenden wird das Modell kommunikativer Deeskalation in polizeilichen Alltagseinsätzen beispielhaft angewendet. Dabei kommen zwei Fälle zum Einsatz, welche im Rahmen der Studie von Lorei (2020) berichtet wurden. Sie sind von den handelnden Beamt*innen retrospektiv erzählt und subjektiv geprägt. Damit unterliegen sie zweifelsohne Verzerrungen und Reduzierungen. Sie sollen aber als erster Ansatz und zur Demonstration dienen. Ihr Validierungswert ist dabei nur beschränkt. Nachfolgende Studien müssen eine entsprechende Prüfung und Weiterentwicklung an objektiverem, reliablerem und validerem Material vornehmen.

10.1 Fall 1: randalierender Rocker

10.1.1 Falldarstellung

Bei Fall 1 (aus Lorei, 2020, S. 138 ff.) handelt es sich um einen Einsatz mit einem als gewaltbereit bekannten Mann, der in einer Bar mit anderen Gästen streitet und die Einrichtung beschädigt. So ist der erste Kontakt des eingesetzten Polizeibeamten auch von Aggressivität geprägt. Durch ruhiges Fragen kann der Beamte den Mann beruhigen und die Situation entschärfen. Nachfolgend findet sich der Bericht des eingesetzten Beamten (Informationen, welche eventuell zur Identifikation dienen könnten, wurde entfernt und durch „XXX" ersetzt):

Ich hatte im Laufe der Jahre (1996 - 2019) viele Einsätze, in denen ich deeskalierend durch Zureden und Zuhören kritische Situationen ohne Gewalt bereinigen konnte. Eine blieb mir am besten in Erinnerung. Der Vorfall ereignete sich ca. XX/XX glaub ich 20XX/20XX gegen 00:00 - 02.00 Uhr, es war jedenfalls spät, da kaum noch Gäste vor Ort waren. Das Lokal liegt an der Ortsgrenze zu XXX, in XXX und heißt heute noch „XXX“ (liegt an der XXX) im Bezirk XXX. Ich war an einem Wochenende, vermutlich ein Samstag, es dürfte Ende XX oder im XX 20XX/20XX gewesen sein, mit meinem damaligen jungen Kollegen XXX zu einer Nachtstreife, einer Unterstützungsstreife im Bezirk XXX eingeteilt. Mein junger Kollege XXX war erst seit XX 20XX bei uns auf der Polizeiinspektion XXX (damals hieß es noch Gendarmerie und nicht Polizei) als Beamter tätig. Die Unterstützungsstreife, genannt „Sicherheitspatrouille (kurz SP), welche im Bezirk XXX die Dienststellen XXX, XXX und XXX bei Vorfällen unterstützt, ist in der Zeit von 19:00 Uhr bis 03:00 Uhr tätig und dient zur Unterstützung der Beamten, sollten die eigenen Beamten der Dienststellen nicht ausreichen.

Es war an dem Abend nicht zu kühl, sternenklar, aber wir hatten Jacken (Blouson) an. Wir wurden nach Mitternacht, ca. 01.00 oder auch schon 02.00 Uhr zum Lokal „XXX“, zur Bar im 1. Stock in XXX gerufen, da die zuständige Sektorstreife nicht abkömmlich war. Die Beamten der PI XXX hatten bereits Vorfälle zu bearbeiten und konnten nicht zum Lokal fahren, weshalb unsere Streife entsandt wurde. Es hieß, im Lokal sei ein Streit im Gange, es wurde eine Sachbeschädigung begangen, Täter eventuell noch vor Ort und sehr aggressiv, Näheres war unklar und wir sollten uns die Sachlage ansehen und bei Bedarf unterstützen.

Ich fuhr also mit meinem jüngeren Kollegen XXX ca. 10 Minuten mit Einsatzfahrt nach XXX zum Lokal „XXX“. Ich parkte gegenüber von dem Gebäude. Im Erdgeschoss war eine Diskothek untergebracht, im oberen Stockwerk eine Bar mit ca. 80 m^2 großer Terrasse. Es waren kaum noch Gäste vor Ort. Ich ging mit meinem Kollegen von der Straße aus über eine Treppe auf die Terrasse, um dort zur Bar zu gehen, wo der Streit laut Anzeiger stattgefunden hatte. Wir zogen unsere Lederhandschuhe an, schüttelten unsere Pfeffersprays auf und besprachen kurz unser weiteres Vorgehen. Wir mussten mit allem rechnen. Ich gab per Funk durch, dass wir nun am Tatort seien, damit die Zentrale und die anderen Polizeistreifen im Bilde waren, wo wir uns aufhalten. Wir sahen, dass keine Gäste mehr vor Ort waren, lediglich der Barkeeper war im hell erleuchteten Lokal an der Bar zu sehen.

Wir gingen zwischen den Tischreihen durch, ich ging voraus. Plötzlich, wir waren ca. in der Hälfte der Terrasse auf dem Weg zum Lokal, trat zur offenen Terrassentüre der Bar ein Mann aus dem Lokal. Er musste uns gesehen haben. Er war offensichtlich ein Rocker, mit Biker-Stiefeln, Jeans mit Kette für die Geldtasche, beide Hemdärmel waren hochgekrempelt und darüber hatte er eine Jeans-Weste an mit Stickern und allem Möglichen, was ihn als Rocker zu erkennen gab. Beide Arme waren komplett tätowiert, er trug einen Bart, lange glatte dunkle Haare, war ca. 180 cm groß und sah sehr wütend aus. Er kam zügig auf mich zu und schrie laut: "Ihr seid schon da, ihr könnt mich sofort erschießen, erschießt mich doch gleich!“ Dabei zeigte er mit seinem Zeigefinger gegen seine Stirn. Ich zeigte mit meiner linken Hand dem Kollegen an, er solle nach links gehen. Wir stellten uns in der „L“-Grundstellung auf, sodass der Mann gegenüber nicht beide Beamte vor sich hatte. Mein Kollege sollte mich von der Seite sichern und ich konnte den Mann ablenken, sollte er aggressiv werden. Jedenfalls kam er auf mich zu, ohne langsamer zu werden, und schrie nochmals: „Erschieß mich doch, Bulle, schieß mir da in den Kopf!“ und tippte mit seinem Zeigefinger immer wieder gegen seine Stirn. Ich blieb stehen und sah ihm in die Augen. Ich war ca. 10 cm kleiner als er, wie auch mein Kollege. Ich musste mich nun entscheiden, wie verhalte ich mich, wie schätze ich den Mann ein. Dann nahm ich beide Hände auf meinen Rücken, steckte sie in meinen Einsatzgürtel und zeigte ihm so meine offene Brust. Dann, als er ca. 2 Meter vor mir war, fragte ich ihn mit ruhiger Stimme, was ihm passiert sei, was ihn so wütend mache und ich ihm zuhöre.

Er wurde langsamer, trat vor mich hin und ging bis auf ca. 20 cm auf mich zu, sah mir in die Augen und sagte noch einmal: „Schieß mir bitte direkt in den Kopf." und zeigte mit seinem Zeigefinger auf seine Stirn. Ich blieb ruhig und sah ihm ständig in die Augen. Ich sagte dann zu ihm: „Sag mir bitte, was dich so wütend macht, was ärgert dich so sehr, ich schieße dir sicher nicht in den Kopf, ich höre dir zu."

Er blieb ruhig stehen, trat dann einen Schritt zurück, sah mich an und war sichtlich verdutzt. Er blickte kurz zu meinem Kollegen zur Seite, der dastand und wartete, was nun geschehen werde. Mein Kollege hielt versteckt sein Pfefferspray schon in der Hand, da er dachte, es passiert nun gleich was.

Der Rocker sah mich an und ich fragte ganz ruhig nochmals: „Also, sag schon, was oder wer hat dich so geärgert, dass du so wütend bist?" Er sah mich an und sagte: „Du hast schon Eier Bulle, kommst so gemütlich daher, ich hab sonst immer Probleme mit euch Bullen und schlage mich mit euch. Immer bin ich schuld, wenn ihr kommt, und immer werde ich festgenommen. Mir hat noch nie ein Bulle zugehört und ich wollte auf dich losgehen. Aber so einer wie du ist mir noch nie untergekommen."

Ich lächelte ihn an und sagte ihm, dass nicht alle Polizisten gleich sind, und er nicht alle in einen Topf werfen dürfe. Ich war gekommen, um zu helfen und rauszufinden, was passiert sei. Ich würde ihm zuhören und mit ihm reden, ich wolle ja schließlich erfahren, was genau passiert war. Ich würde mit Schießen und Schlagen nicht viel in Erfahrung bringen. Er musste dann lachen und wurde ruhiger und erzählte dann, warum er in der Bar Streit hatte und das Inventar beschädigte. Wir gingen in das Lokal zum Barkeeper und dieser war sichtlich wütend auf den randalierenden Gast. Der Barkeeper schimpfte, der sch** Rocker habe alles kaputtgeschlagen, man solle ihn festnehmen und einsperren.

Ich sprach mit dem Rocker und er erklärte sich bereit, den Schaden zu begleichen, zumal sich dies positiv auf das Urteil des Richters auswirke. Dem Barkeeper erklärte ich, dass sie untereinander mit dem Lokalbetreiber dies selber ausmachen sollten, dies könne auch ohne Polizei funktionieren. Der Barkeeper streckte schließlich nach einigen Minuten Zuhören dem Rocker zur Versöhnung seine Hand entgegen. Ich vermittelte dann zwischen dem Lokalbetreiber am Telefon und dem Täter vor Ort, wie sie alles weitere bewerkstelligen können. Alle waren damit zufrieden. Kurz darauf traf die zuständige Sektorstreife der PI XXX mit zwei Beamten am Tatort ein und kam in die Bar. Die Beamten waren verwundert, besonders der ältere Beamte XXX war darüber verwundert, wie ruhig der Rocker war. Er sprach den Rocker sogleich mit seinem Namen an und fragte ihn bzgl. des Vorfalles aus. Dieser erklärte sich bereit, sogleich mit zur Dienststelle zu fahren, um eine Aussage zu machen.

Der Kollege XXX der PI XXX erklärte mir dann kurz später, warum er so verwundert war, als er am Tatort eintraf. Dieser Rocker war amtsbekannt; er und sein Bruder waren Schläger und sehr gefährlich. Er war u. a. wegen Drogen schon mehrfach im Gefängnis, hatte mit Waffen, mit Prostitution zu tun und wurde wegen „Widerstand gegen die Staatsgewalt" angezeigt. Er habe Beamte verprügelt, er war ein schwerer Junge, der immer Probleme machen würde. Mein jüngerer Kollege erklärte dann den Beamten aus XXX, wie es sich abspielte, und da ich eben so ruhig geblieben war und mit dem Täter so ruhig gesprochen hatte, und durch mein Verhalten und meine Körpersprache, wäre der Rocker ruhig geworden und mit mir ins Gespräch gekommen.

10.1.2 Analyse des Falles „Techniken" nach Lorei, 2020 (S. 70)

Lorei (2020, S. 70) analysierte den Fall hinsichtlich der eingesetzten Strategien, Taktiken und Techniken zur Deeskalation summarisch. Dabei kam das von Lorei (2021b, S. 20) aufgestellte Kategoriensystem zum Einsatz. Er fand dabei nachfolgende Strategien, Taktiken und Techniken im Fall (siehe Tabelle 2).

Tabelle 2:Übersicht über die im Fall 1 zum Einsatz gekommenen Deeskalationstechniken, -taktiken und -strategien (nach Lorei, 2020, S. 70)

Kategorien-nummer	Strategie/Taktik/ Technik	Zeilennummer
1	zielgerichtetes Handeln	27; 45 - 46; 84 - 85
2	Stressmanagement	48; 53; 54 - 55; 62; 68; 70 - 71
3	Empathie	48; 48 - 49; 54; 54 - 55; 62; 76
4	Interesse	44 - 45; 48 - 49; 49; 53; 54; 54 - 55; 62; 65 - 66; 69 - 70; 76
5	Transparenz	65 - 66; 68 - 69; 69 - 70; 77
6	Ernsthaftigkeit	48 - 49; 49; 54; 62; 68; 69 - 70
7	Eigensicherung	26 - 27; 27 - 28; 28 - 29; 39 - 42; 45 - 46; 59 - 60
8	Akzeptanz schaffen	77 - 78; 80
9	nonverbale Kommunikation	44 - 45; 45 - 46; 46 - 47; 48; 53; 62; 93
10	Beziehungsarbeit	44 - 45; 53

11	Humor	70 - 71
12	Respekt	53
13	Gesichtswahrung	-
14	Geduld	54; 62; 84 - 85
15	Zuhören	49; 54 - 55
16	Metakommunikation	-
17	Sachlichkeit	68
18	taktische Maßnahmen	27; 40 - 41
19	zielgruppenadäquate Kommunikation	-
20	Sonstiges	-

10.1.3 Anwendung des Deeskalationsmodells auf den Fall 1

Im Nachfolgenden werden die Passagen des Textes entsprechend des Modells farbig markiert und damit die Handlungen des Polizeibeamten den Stufen zugeordnet. Die dabei zum Einsatz gebrachten Strategien, Taktiken und Techniken sind der obenstehenden Analyse (siehe Tabelle 2) zu entnehmen.

Stufe	Markierungsfarbe
Kontakt	
Sicherheit	
Beziehung	
Beruhigung	
Lageklärung	
Lösungssuche	
Lösungsumsetzung	

Ich hatte im Laufe der Jahre (1996 - 2019) viele Einsätze, in denen ich deeskalierend durch Zureden und Zuhören kritische Situationen ohne Gewalt bereinigen konnte. Eine blieb mir am besten in Erinnerung. Der Vorfall ereignete sich ca. XX/XX glaub ich 20XX/20XX gegen 00:00 - 02.00 Uhr, es war jedenfalls spät, da kaum noch Gäste vor Ort waren. Das Lokal liegt an der Ortsgrenze zu XXX, in XXX und heißt heute noch „XXX" (liegt an der XXX) im Bezirk XXX. Ich war an einem Wochenende, vermutlich ein Samstag, es dürfte Ende XX oder im XX 20XX/20XX gewesen sein, mit meinem damaligen jungen Kollegen XXX zu einer Nachtstreife, einer Unterstützungsstreife im Bezirk XXX eingeteilt. Mein junger Kollege XXX war erst seit XX 20XX bei uns auf der Polizeiinspektion XXX (damals hieß es noch Gendarmerie und nicht Polizei) als Beamter tätig. Die Unterstützungsstreife, genannt „Sicherheitspatrouille (kurz SP), welche im Bezirk XXX die Dienststellen XXX, XXX und XXX bei Vorfällen unterstützt, ist in der Zeit von 19:00 Uhr bis 03:00 Uhr tätig und dient zur Unterstützung der Beamten, sollten die eigenen Beamten der Dienststellen nicht ausreichen.

Es war an dem Abend nicht zu kühl, sternenklar, aber wir hatten Jacken (Blouson) an. Wir wurden nach Mitternacht, ca. 01.00 oder auch schon 02.00 Uhr zum Lokal „XXX", zur Bar im 1. Stock in XXX gerufen, da die zuständige Sektorstreife nicht abkömmlich war. Die Beamten der PI XXX hatten bereits Vorfälle zu bearbeiten und konnten nicht zum Lokal fahren, weshalb unsere Streife entsandt wurde. Es hieß, im Lokal sei ein Streit im Gange, es wurde eine Sachbeschädigung begangen, Täter eventuell noch vor Ort und sehr aggressiv, Näheres war unklar und wir sollten uns die Sachlage ansehen und bei Bedarf unterstützen.

Ich fuhr also mit meinem jüngeren Kollegen XXX ca. 10 Minuten mit Einsatzfahrt nach XXX zum Lokal „XXX". Ich parkte gegenüber von dem Gebäude. Im Erdgeschoss war eine Diskothek untergebracht, im oberen Stockwerk eine Bar mit ca. 80 m² großer Terrasse. Es waren kaum noch Gäste vor Ort. Ich ging mit meinem Kollegen von der Straße aus über eine Treppe auf die Terrasse, um dort zur Bar zu gehen, wo der Streit laut Anzeiger stattgefunden hatte. Wir zogen unsere Lederhandschuhe an, schüttelten unsere Pfeffersprays auf und besprachen kurz unser weiteres Vorgehen. Wir mussten mit allem rechnen. Ich gab per Funk durch, dass wir nun am Tatort seien, damit die Zentrale und die anderen Polizeistreifen im Bilde waren, wo wir uns aufhalten. Wir sahen, dass keine Gäste mehr vor Ort waren, lediglich der Barkeeper war im hell erleuchteten Lokal an der Bar zu sehen.

Wir gingen zwischen den Tischreihen durch, ich ging voraus. Plötzlich, wir waren ca. in der Hälfte der Terrasse auf dem Weg zum Lokal, trat zur offenen Terrassentüre der Bar ein Mann aus dem Lokal. Er musste uns gesehen haben. Er war offensichtlich ein Rocker, mit Biker-Stiefeln, Jeans mit Kette für die Geldtasche, beide Hemdärmel waren hochgekrempelt und darüber hatte er eine Jeans-Weste an mit Stickern und allem möglichen, was ihn als Rocker zu erkennen gab. Beide Arme waren komplett tätowiert, er trug einen Bart, lange glatte dunkle Haare, war ca. 180 cm groß und sah sehr wütend aus. Er kam zügig auf mich zu und schrie laut: "Ihr seid schon da, ihr könnt mich sofort erschießen, erschießt mich doch gleich!" Dabei zeigte er mit seinem Zeigefinger gegen seine Stirn. Ich zeigte mit meiner linken Hand dem Kollegen an, er solle nach links gehen. Wir stellten uns in der „L"-Grundstellung auf, sodass der Mann gegenüber nicht beide Beamte vor sich hatte. Mein Kollege sollte mich von der Seite sichern und ich konnte den Mann ablenken, sollte er aggressiv werden. Jedenfalls kam er auf mich zu, ohne langsamer zu werden und schrie nochmals: „Erschieß mich doch Bulle, schieß mir da in den Kopf!" und tippte mit seinem Zeigefinger immer wieder gegen seine Stirn. Ich blieb stehen und sah ihm in die Augen. Ich war ca. 10 cm kleiner als er, wie auch mein Kollege. Ich musste mich nun entscheiden, wie verhalte ich mich, wie schätze ich den Mann ein. Dann nahm ich beide Hände auf meinen Rücken, steckte sie in meinen Einsatzgürtel und zeigte ihm so meine offene Brust. Dann, als er ca. 2 Meter vor mir war, fragte ich ihn mit ruhiger Stimme, was ihm passiert sei, was ihn so wütend mache und ich ihm zuhöre.

Er wurde langsamer, trat vor mich hin und ging bis auf ca. 20 cm auf mich zu, sah mir in die Augen und sagte noch einmal: „Schieß mir bitte direkt in den Kopf." und zeigte mit seinem Zeigefinger auf seine Stirn. Ich blieb ruhig und sah ihm ständig in die Augen. Ich sagte dann zu ihm: „Sag mir bitte, was dich so wütend macht, was ärgert dich so sehr, ich schieße dir sicher nicht in den Kopf, ich höre dir zu."

Er blieb ruhig stehen, trat dann einen Schritt zurück, sah mich an und war sichtlich verdutzt. Er blickte kurz zu meinem Kollegen zur Seite, der dastand und wartete, was nun geschehen werde. Mein Kollege hielt versteckt sein Pfefferspray schon in der Hand, da er dachte, es passiert nun gleich was.

Der Rocker sah mich an und ich fragte ganz ruhig nochmals: „Also, sag schon was oder wer hat dich so geärgert, dass du so wütend bist?" Er sah mich an und sagte: „Du hast schon Eier Bulle, kommst so gemütlich daher, ich hab sonst immer Probleme mit euch Bullen und schlage mich mit euch. Immer bin ich schuld, wenn ihr kommt und immer werde ich festgenommen. Mir hat noch nie ein Bulle zugehört und ich wollte auf dich losgehen. Aber so einer wie du ist mir noch nie untergekommen."

Ich lächelte ihn an und sagte ihm, dass nicht alle Polizisten gleich sind und er nicht alle in einen Topf werfen dürfe. Ich war gekommen, um zu helfen und rauszufinden, was passiert sei. Ich würde ihm zuhören und mit ihm reden, ich wolle ja schließlich erfahren, was genau passiert war. Ich würde mit Schießen und Schlagen nicht viel in Erfahrung bringen. Er musste dann lachen und wurde ruhiger und erzählte dann, warum er in der Bar Streit hatte und das Inventar beschädigte. Wir gingen in das Lokal zum Barkeeper und dieser war sichtlich wütend auf den randalierenden Gast. Der Barkeeper schimpfte, der sch** Rocker habe alles kaputtgeschlagen, man solle ihn festnehmen und einsperren.

Ich sprach mit dem Rocker und er erklärte sich bereit, den Schaden zu begleichen, zumal sich dies positiv auf das Urteil des Richters auswirke. Dem Barkeeper erklärte ich, dass sie untereinander mit dem Lokalbetreiber dies selber ausmachen sollten, dies könne auch ohne Polizei funktionieren. Der Barkeeper streckte schließlich nach einigen Minuten Zuhören dem Rocker zur Versöhnung seine Hand entgegen. Ich vermittelte dann zwischen dem Lokalbetreiber am Telefon und dem Täter vor Ort, wie sie alles Weitere bewerkstelligen können. Alle waren damit zufrieden. Kurz darauf traf die zuständige Sektorstreife der PI XXX mit zwei Beamten am Tatort ein und kam in die Bar. Die Beamten waren verwundert, besonders der ältere Beamte XXX war darüber verwundert, wie ruhig der Rocker war. Er sprach den Rocker sogleich mit seinem Namen an und fragte ihn bzgl. des Vorfalles aus. Dieser erklärte sich bereit, sogleich mit zur Dienststelle zu fahren, um eine Aussage zu machen.

Der Kollege XXX der PI XXX erklärte mir dann kurz später, warum er so verwundert war, als er am

Tatort eintraf. Dieser Rocker war amtsbekannt; er und sein Bruder waren Schläger und sehr gefährlich. Er war u. a. wegen Drogen schon mehrfach im Gefängnis, hatte mit Waffen, mit Prostitution zu tun und wurde wegen „Widerstand gegen die Staatsgewalt" angezeigt. Er habe Beamte verprügelt, er war ein schwerer Junge, der immer Probleme machen würde. Mein jüngerer Kollege erklärte dann den Beamten aus XXX, wie es sich abspielte, und da ich eben so ruhig geblieben war und mit dem Täter so ruhig gesprochen hatte, und durch mein Verhalten und meine Körpersprache, wäre der Rocker ruhig geworden und mit mir ins Gespräch gekommen.

10.1.4 Fazit zur Anwendung des Deeskalationsmodells auf den Fall 1

Der Ablauf des Falles entspricht im Wesentlichen dem Stufenmodell. Die eingesetzten Deeskalationsstrategien, -taktiken und -techniken finden sich auf den entsprechenden Stufen gemäß der Modellbeschreibung. Dabei werden Techniken auch parallel und stufenübergreifend eingesetzt. Das Modell erscheint passend auf den Fall anwendbar sowie auch bei einer Analyse und Nachbereitung hilfreich zu sein. Dabei ist limitierend zu berücksichtigen, dass es sich bei dem Fall um eine Nacherzählung und keine detaillierte Aufzeichnung handelt.

10.2 Fall 2: Einsatz in einem Krankenhaus

10.2.1 Falldarstellung

Bei Fall 2 (aus Lorei, 2020, S. 145 ff.) handelt es sich um einen Einsatz mit einem aufgebrachten, drogensüchtigen Mann. Durch beruhigendes Verhalten und Empathie kann der Beamte den Mann beruhigen und zum Einlenken bewegen. Nachfolgend findet sich der Bericht des eingesetzten Beamten (Informationen, welche eventuell zur Identifikation dienen könnten, wurde entfernt und durch „XXX“ ersetzt):

Einsatzort Krankenhaus – Säuglingsstation

Eine Mutter und ihr erst einige Wochen altes Baby befanden sich stationär im Krankenhaus. Der Säugling war erst seit Kurzem „clean“, da es sich bei der Mutter um eine Drogenabhängige im Substitutionsprogramm handelte. An jenem Tag befanden sich auch die Eltern der Mutter im Krankenhaus, um ihre Tochter und ihr neugeborenes Enkelkind zu besuchen. Zudem war es ein wichtiger Tag, da die Entscheidung von Seiten des Jugendamtes fallen sollte, ob das Kind in der Obhut der Großeltern und somit im unmittelbaren Umfeld der Mutter verbleiben kann, oder ob das Jugendamt die Obsorge komplett übernimmt und das Kind vorerst in eine Pflegefamilie übergibt.

Zum Termin mit dem Jugendamt erschien auch der Vater des Säuglings. Das Problematische an der ohnehin nicht ganz so einfachen Situation war, dass der Vater erst vor Kurzem rückfällig wurde und sein Substitutionsprogramm abbrechen musste. Die Hiobsbotschaft, dass der Bluttest der Kindesmutter kein vorteilhaftes Ergebnis brachte und auf diverse Drogen positiv ausfiel, führte dazu, dass das Jugendamt zum Wohl des Kindes schließlich die Obsorge übernahm bzw. übernehmen wollte. Die Reaktion der jungen Eltern – Herumschreien, Äußern von diversen Drohungen, Zeigen von Aggression – führte schließlich zur Verständigung der Polizei durch die Bediensteten im Krankenhaus.

Unsere Streifenbesatzung begab sich in die Säuglingsstation. Die Stimmung dort war sichtlich angespannt. Der Kindesvater hatte sich kurz vor dem Eintreffen der Polizei entfernt – es bestand jedoch permanenter Kontakt zu ihm über das Handy der Kindesmutter. Die schluchzende junge Mutter – den Säugling umklammernd – die hilflosen Eltern, die verzweifelt versuchten, ihre Tochter zu trösten. Immer wieder bimmelte das Handy der jungen Mutter – am anderen Ende brüllte der Kindesvater höchst aggressiv kaum verständliche Drohungen ins Telefon. Dazwischen zwei Krankenschwestern, die versuchten, die angespannte Situation zu beruhigen. Weniger hilfreich die schroffen Anweisungen der Jugendamtsmitarbeiterin, die immer wieder darauf beharrte, den Säugling nun endlich zu übernehmen, um endlich „weiterzukommen“.

Plötzlich ein Knall – eine laute Stimme drang von draußen in die Räumlichkeiten der Säuglingsstation. Man hatte zuvor – nachdem der hochgradig aufgeregte Kindesvater die Station verlassen hatte – die Türen verriegelt, um eine Rückkehr des Kindesvaters in die Räumlichkeiten hintanzuhalten. Vor verschlossenen Türen stand also der äußerst erboste Kindesvater. Drohend, wütend, aggressiv, verzweifelt an die Tür hämmernd.

Natürlich wäre es eine Möglichkeit gewesen, nach draußen zu gehen – Täteransprache – Aufforderungen, das Verhalten einzustellen – Androhung der Festnahme – Anwendung von Körperkraft – Festnahme.

Wir entschieden uns für eine andere Variante.

Mit Verständnis für die äußerst bescheidene Situation fragte ich meinen Kollegen nach seinen Zigaretten. Ich ging zur verriegelten Glastür und zeigte dem Aggressor die Zigaretten. Sichtlich verwirrt über die Situation wurde dieser jedoch plötzlich ruhiger. Er zeigte sich zwar wütend und sichtlich verzweifelt – erhob auch immer noch die Stimme, war jedoch für uns – oder sagen wir wohl eher für die Zigaretten zugänglich. Wir gingen zu ihm nach draußen und ich bot unserem Gegenüber eine Zigarette an. Er zögerte nicht lange und kam auf mich zu. Genau in diesem Moment sagte ich: „Ich verstehe dich – ich würde wahrscheinlich auch durchdrehen!“ Dieser Satz in Kombination mit dem Zigarettenoffert dürfte etwas ausgelöst haben. Er begann zu weinen, schrie herum, erzählte wie scheiße es ihm geht und wie gerne er ein anderes Leben hätte, um für „seinen Michael“ ein guter Vater zu sein. Die Verzweiflung und die Wut auf sich selbst hätten in diesem Moment nicht größer sein können. Emotionsgeladen wechselte sein Gemütszustand immer wieder.

Wir ließen ihn machen. Hörten ihm nur zu und zeigten Verständnis.

Es dauerte ein paar Zigarettenlängen, bis ein konstruktives Gespräch zustande kam, doch es zeigte Wirkung. Wir konnten die Situation soweit beruhigen, dass ein ruhiges und sachliches Gespräch zwischen sämtlichen Beteiligten zustande kam. Die jungen Eltern verabschiedeten sich am Ende in Ruhe von ihrem Kind und verließen gemeinsam mit den Großeltern/Eltern trauernd das Gebäude.

Dieser Einsatz liegt einige Jahre zurück, aber ich kann mich noch erinnern, als wäre er gestern gewesen. Drogenabhängig oder nicht – die Gefühle frischgebackener Eltern, die aufgrund falscher Entscheidungen in die Abhängigkeit geraten und somit ein instabiles Umfeld für ihr Kind geschaffen haben, sind dieselben Gefühle, wie die Gefühle von „gesunden“ Eltern.

Verständnis zeigen braucht Zeit. Ich bin der festen Überzeugung, dass so manche Körperkraftanwendung mit Geduld, Kommunikation auf gleicher Höhe und Verständnis für die oft scheinbar ausweglose Situation des Gegenübers hintangehalten werden kann.

10.2.2 Analyse des Falles „Techniken“ nach Lorei, 2020 (S. 68)

Lorei (2020, S. 68) analysierte den Fall hinsichtlich eingesetzter Strategien, Taktiken und Techniken zur Deeskalation summarisch. Dabei kam das von Lorei (2021b, S. 20) aufgestellte Kategoriensystem zum Einsatz. Er fand dabei nachfolgende Strategien, Taktiken und Techniken im Fall (siehe Tabelle 3).

Tabelle 3: Übersicht über die im Fall 2 zum Einsatz gekommenen Deeskalationstechniken, -taktiken und -strategien (nach Lorei, 2020, S. 68)

Kategorien-nummer	Strategie/Taktik/Technik	Zeilennummer
1	zielgerichtetes Handeln	24 - 27; 35 - 37; 63
2	Stressmanagement	35 - 37; 42; 47; 48; 51; 53
3	Empathie	41; 42; 47; 53; 63
4	Interesse	35 - 37; 42; 45; 51; 53
5	Transparenz	-
6	Ernsthaftigkeit	47
7	Eigensicherung	-
8	Akzeptanz schaffen	-
9	nonverbale Kommunikation	-
10	Beziehungsarbeit	42; 47; 55; 76
11	Humor	-
12	Respekt	-
13	Gesichtswahrung	-
14	Geduld	51; 53; 55; 57; 67
15	Zuhören	47; 49; 53
16	Metakommunikation	-
17	Sachlichkeit	57
18	taktische Maßnahmen	-
19	zielgruppenadäquate Kommunikation	-
20	Sonstiges	42

10.2.3 Anwendung des Deeskalationsmodells auf den Fall 2

Im Nachfolgenden werden die Passagen des Textes entsprechend des Modells farbig markiert und damit die Handlungen des Polizeibeamten den Stufen des Modells zugeordnet. Die dabei zum Einsatz gebrachten Strategien, Taktiken und Techniken sind der obenstehenden Analyse (siehe Tabelle 3) zu entnehmen.

Stufe	Markierungsfarbe
Kontakt	
Sicherheit	
Beziehung	
Beruhigung	
Lageklärung	
Lösungssuche	
Lösungsumsetzung	

Einsatzort Krankenhaus – Säuglingsstation

Eine Mutter und ihr erst einige Wochen altes Baby befanden sich stationär im Krankenhaus. Der Säugling war erst seit Kurzem „clean", da es sich bei der Mutter um eine Drogenabhängige im Substitutionsprogramm handelte. An jenem Tag befanden sich auch die Eltern der Mutter im Krankenhaus, um ihre Tochter und ihr neugeborenes Enkelkind zu besuchen. Zudem war es ein wichtiger Tag, da die Entscheidung von Seiten des Jugendamtes fallen sollte, ob das Kind in der Obhut der Großeltern und somit im unmittelbaren Umfeld der Mutter verbleiben kann, oder ob das Jugendamt die Obsorge komplett übernimmt und das Kind vorerst in eine Pflegefamilie übergibt.

Zum Termin mit dem Jugendamt erschien auch der Vater des Säuglings. Das Problematische an der ohnehin nicht ganz so einfachen Situation war, dass der Vater erst vor Kurzem rückfällig wurde und sein Substitutionsprogramm abbrechen musste. Die Hiobsbotschaft, dass der Bluttest der Kindesmutter kein vorteilhaftes Ergebnis brachte und auf diverse Drogen positiv ausfiel, führte dazu, dass das Jugendamt zum Wohl des Kindes schließlich die Obsorge übernahm bzw. übernehmen wollte. Die Reaktion der jungen Eltern – Herumschreien, Äußern von diversen Drohungen, Zeigen von Aggression – führte schließlich zur Verständigung der Polizei durch die Bediensteten im Krankenhaus.

Unsere Streifenbesatzung begab sich in die Säuglingsstation. Die Stimmung dort war sichtlich angespannt. Der Kindesvater hatte sich kurz vor dem Eintreffen der Polizei entfernt – es bestand jedoch permanenter Kontakt zu ihm über das Handy der Kindesmutter. Die schluchzende junge Mutter – den Säugling umklammernd – die hilflosen Eltern, die verzweifelt versuchten, ihre Tochter zu trösten. Immer wieder bimmelte das Handy der jungen Mutter – am anderen Ende brüllte der Kindesvater höchst aggressiv kaum verständliche Drohungen ins Telefon. Dazwischen zwei Krankenschwestern, die versuchten, die angespannte Situation zu beruhigen. Weniger hilfreich die schroffen Anweisungen der Jugendamtsmitarbeiterin, die immer wieder darauf beharrte, den Säugling nun endlich zu übernehmen, um endlich „weiterzukommen".

Plötzlich ein Knall – eine laute Stimme drang von draußen in die Räumlichkeiten der Säuglingsstation. Man hatte zuvor – nachdem der hochgradig aufgeregte Kindesvater die Station verlassen hatte – die Türen verriegelt, um eine Rückkehr des Kindesvaters in die Räumlichkeiten hintanzuhalten. Vor verschlossenen Türen stand also der äußerst erboste Kindesvater. Drohend, wütend, aggressiv, verzweifelt an die Tür hämmernd.

Natürlich wäre es eine Möglichkeit gewesen, nach draußen zu gehen – Täteransprache – Aufforderungen, das Verhalten einzustellen – Androhung der Festnahme – Anwendung von Körperkraft – Festnahme.

Wir entschieden uns für eine andere Variante.

Mit Verständnis für die äußerst bescheidene Situation fragte ich meinen Kollegen nach seinen Zigaretten. Ich ging zur verriegelten Glastür und zeigte dem Aggressor die Zigaretten. Sichtlich verwirrt über die Situation wurde dieser jedoch plötzlich ruhiger. Er zeigte sich zwar wütend und sichtlich verzweifelt – erhob auch immer noch die Stimme, war jedoch für uns – oder sagen wir wohl eher für die Zigaretten zugänglich. Wir gingen zu ihm nach draußen und ich bot unserem Gegenüber eine Zigarette an. Er zögerte nicht lange und kam auf mich zu. Genau in diesem Moment sagte ich: „Ich verstehe dich – ich würde wahrscheinlich auch durchdrehen!" Dieser Satz in Kombination mit dem Zigarettenoffert dürfte etwas ausgelöst haben. Er begann zu weinen, schrie herum, erzählte wie scheiße es ihm geht und wie gerne er ein anderes Leben hätte, um für „seinen Michael" ein guter Vater zu sein. Die Verzweiflung und die Wut auf sich selbst hätten in diesem Moment nicht größer sein können. Emotionsgeladen wechselte sein Gemütszustand immer wieder.

Wir ließen ihn machen. Hörten ihm nur zu und zeigten Verständnis.

Es dauerte ein paar Zigarettenlängen, bis ein konstruktives Gespräch zustande kam, doch es zeigte Wirkung. Wir konnten die Situation soweit beruhigen, dass ein ruhiges und sachliches Gespräch zwischen sämtlichen Beteiligten zustande kam. Die jungen Eltern verabschiedeten sich am Ende in Ruhe von ihrem Kind und verließen gemeinsam mit den Großeltern/Eltern trauernd das Gebäude.

Dieser Einsatz liegt einige Jahre zurück, aber ich kann mich noch erinnern, als wäre er gestern gewesen. Drogenabhängig oder nicht – die Gefühle frischgebackener Eltern, die aufgrund falscher Entscheidungen in die Abhängigkeit geraten und somit ein instabiles Umfeld für ihr Kind geschaffen haben, sind dieselben Gefühle, wie die Gefühle von „gesunden" Eltern.

Verständnis zeigen braucht Zeit. Ich bin der festen Überzeugung, dass so manche Körperkraftanwendung mit Geduld, Kommunikation auf gleicher Höhe und Verständnis für die oft scheinbar ausweglose Situation des Gegenübers hintangehalten werden kann.

10.2.4 Fazit zur Anwendung des Deeskalationsmodells auf den Fall 2

Der Ablauf des Falles entspricht im Wesentlichen dem Stufenmodell. Die eingesetzten Deeskalationsstrategien, -taktiken und -techniken finden sich auf den entsprechenden Stufen gemäß der Modellbeschreibung. Auch hier scheint das Modell auf den Fall anwendbar und bei einer Analyse und Nachbereitung hilfreich sein zu können. Dabei ist auch hier wieder limitierend zu berücksichtigen, dass es sich bei dem Fall um eine Nacherzählung und keine detaillierte Aufzeichnung handelt.

11 Ausblick

KODIAK wurde formuliert, um Polizeibeamt*innen in alltäglichen Einsätzen zu helfen, Gewalt zu vermeiden oder nur so wenig einzusetzen, wie es unbedingt erforderlich ist. Dabei reduziert KODIAK die Komplexität solcher Konfliktlagen, strukturiert die kommunikativen Handlungsschritte und fokussiert auf zentrale Aspekte solcher Situationen. Grundlage dafür sind empirisch und/oder theoretisch fundierte Erkenntnisse. Damit soll ein zielgerichtetes Einsatzhandeln ermöglicht werden, welches sowohl die Eigensicherung wie auch den Einsatz von unmittelbarem Zwang integriert.

Wie erfolgreich KODIAK diese Ziele erreicht, wird die Umsetzung und Evaluation zeigen. KODIAK ist dabei offen für Modifikationen wie auch Erweiterungen. Die Autoren laden ein, entsprechende Vorschläge hierfür sowie Feedback zum Modell mitzuteilen.

Die zukünftige Forschung zu KODIAK wird sich mit der Erweiterung um entsprechende Module für spezifische Situationen (Konflikte mit psychisch Kranken, Konflikte mit intoxikierten Personen, Konflikte mit Jugendlichen usw.) beschäftigen. Weiterhin scheinen verschiedene Faktoren zentral für die Anwendung sowie Effektivität von deeskalierendem Verhalten zu sein. Hier spielen Einstellung, persönliche Haltung und Mind-Set eine wichtige Rolle. Ebenso beeinflussen möglicherweise verschiedene Persönlichkeitsfaktoren und Eigenschaften wie auch Fertigkeiten die Deeskalation. Auch diese sollen untersucht und ihre Wirkung auf den Verlauf von solchen Konflikten bestimmt werden. Damit können dann die Wirksamkeit von Deeskalation gesteigert und entsprechende Lernvorgänge unterstützt werden.

12 Literatur

Abanonu, R. (2018). De-escalating police-citizen encounters. Review of Law and Social Justice, 27 (3), 239–269.

Abdul-Rahman, L., Espín Grau, H. & Singelnstein, T. (2020). Polizeiliche Gewaltanwendungen aus Sicht der Betroffenen. Zwischenbericht zum Forschungsprojekt „Körperverletzung im Amt durch Polizeibeamt*innen“ (KviAPol). 2. Auflage. Ruhr-Universität Bochum, 26.10.2020, https://kviapol.rub.de/images/pdf/KviAPolZwischenbericht2Auflage.pdf

Abdul-Rahman, L., Espín Grau, H., Klaus, L. & Singelnstein, T. (2023). Gewalt im Amt. Übermäßige polizeiliche Gewaltanwendung und ihre Aufarbeitung. Frankfurt: Campus Verlag.

Achtziger, A. & Gollwitzer, P. M. (2010). Motivation und Volition im Handlungsverlauf. In J. Heckhausen & H. Heckhausen (Hrsg.), Motivation und Handeln, 4. Aufl. (S. 309 - 335). Berlin: Springer Verlag.

Adang, O. (2012) Learning to Deal with Potentially Dangerous Situations: A Situation-Oriented Approach. In: Haberfeld M., Clarke C., Sheehan D. (eds.) Police Organization and Training. Springer, New York, NY. https://doi.org/10.1007/978-1-4614-0745-4_10.

Adang, O., & Mensink, J. (2004). Pepper spray. An unreasonable response to suspect verbal resistance. Policing: An International Journal of Police Strategies & Management, 27 (2), 206–219.

Aguinis, H., Simonsen, M. M., & Pierce, C. A. (1998). Effects of Nonverbal Behavior on Perceptions of Power Bases. The Journal of Social Psychology, 138 (4), S. 455–469.

Aigner, A., Ledl-Kurkowski, E., Salzmann, K. (2005). Das Verhalten des Erholungspulses gesunder Freizeitsportler nach Maximalbelastung auf dem Fahrradergometer. Österreichisches Journal für Sportmedizin 35 (3), S. 16 - 20.

Allen, J. J., Anderson, C. A., & Bushman, B. J. (2018). The General Aggression Model. Current Opinion in Psychology, 19, 75–80. https://doi.org/10.1016/j.copsyc.2017.03.034.

Ayhan, D., & Hicdurmaz, D. (2020). De-escalation model in the simple form as aggression management in psychiatric services, Journal of Psychiatric Nursing, 11(3): 251–259.

Baier, D. & Ellrich, K. (2014) Vertrauen in die Polizei im Spiegel verschiedener Befragungsstudien. In K. llrich & D. Baier (Hrsg.), Polizeibeamte als Opfer von Gewalt. Frankfurt a. M.: Verlag für Polizeiwissenschaft.

Bandura, A. (1971). Psychological Modelling: Conflicting Theories. Chicago: Aldine-Atherton Inc.

Bandura, A. (1997). Self-efficacy: The exercise of control. New York: Freeman.

Bennell, C., Alpert, G., Andersen, J. P., Arpaia, J., Huhta, J.-M., Kahn, K. B., Khanizadeh, A.-J., McCarthy, M., McLean, K., Mitchell, R. J., Nieuwenhuys, A., Palmer, A., & White, M. D. (2021). Advancing police use of force research and practice: Urgent issues and prospects. Legal and Criminological Psychology, 26 (2), 121–144. https://doi.org/10.1111/lcrp.12191.

Berkowitz, L. (1989). Frustration-aggression hypothesis: Examination and reformulation. Psychological Bulletin, 106(1), 59–73. https://doi.org/10.1037/0033-2909.106.1.59

Biedermann, J. (2020). „Messer weg“ – Polizeilicher Umgang mit psychisch erkrankten Personen im Spannungsfeld zwischen Kommunikation und Zwangsanwendung. In W. Nettelnstroth (Hrsg.), Erkenntnisse aus Wissenschaft und Praxis zur Polizeipsychologie (S. 5 - 31). Verlag für Polizeiwissenschaft.

Biedermann, J. & Ellrich, K. (2022). Der polizeiliche Umgang mit aggressiven Verhaltensweisen bei Menschen mit psychischen Störungen – Handlungskonzepte, Spannungsfelder und Notwendigkeiten der zukünftigen Beforschung. In: M. Staller & Swen Koerner (Hrsg.), Handbuch polizeiliches Einsatztraining (S. 431 - 450.) Berlin: Springer.

Bierhoff, W. (1998). Sozialpsycholgie. Stuttgart: Kohlhammer.

Bilsky, W. & Niehaus, S. & Groote, E. (2008). Verhandlungen bei Geiselnahmen. In: R. Volbert & M. Steller (Hrsg.) Handbuch der Rechtspsychologie (S. 264 - 274). Göttingen: Hogrefe.

Binder, A., & Scharf, P. (1980). The Violent Police-Citizen Encounter. The annals of the American Academy of Political and Social Science, 452, 111–121.

Bloom, B. S. (1972). Taxonomie von Lernzielen im kognitiven Bereich. 4. Aufl. Weinheim: Beltz.

Bosse, T., & Gerritsen, C. (2016). Towards Serious Gaming for Communication Training - A Pilot Study with Police Academy Students. In: Proceedings of Intetain. Springer.

Bosse, T., & Provoost, S. (2015). Integrating Conversation Trees and Cognitive Models within an ECA for Aggression De-escalation Training. In:

Proceedings of PRIMA 2015: Lecture Notes in Artificial Intelligence (pp. 650–659). Springer.

Bosse, T., Gerritsen, C., & de Man, J. (2016). An Intelligent System for Aggression De-escalation Training. Frontiers in Artificial Intelligence and Applications, 285, pp. 1805–1811.

Boxer, P., Brunson, R. K., Gaylord-Harden, N., Kahn, K., Patton, D. U., Richardson, J., Rivera, L. M., Smith Lee, J. R., Staller, M. S., Krahé, B., Dubow, E. F., Parrott, D., & Algrim K. (2021). Addressing the inappropriate use of force by police in the United States and beyond: A behavioral and social science perspective. Aggressive Behavior, 47 (5): 502–512.

Brand, M. (2009). Wahrnehmung & Denkweise von Gewalttätern (S. 267-271). In C. Lorei (Hrsg.), Eigensicherung & Schusswaffeneinsatz bei der Polizei. Frankfurt: Verlag für Polizeiwissenschaft.

Brehm, J. W. (1966). A theory of psychological reactance. New York: Academic Press.

Brisach, C.-E., Dudenhausen, I., Stock, J., Ziemke, J., Schmitz, R., Ritter, O. & Baurmann, C. M. (2001). Verhandlungsgruppe der Polizei – Aufbau, Personalauswahl, Training und Arbeitsweisen. Neuwied: Luchterhand.

Brunsch, D. M. S. (2013). Taktische Kommunikation und die Verwirklichung der neuen gemäßigten Linie europäischen Massenmanagements 1/2013, S. 12 - 27.

Burgoon, J., Buller, D. B., Hale, J. L., & deTurck, M. A. (1984). Relational Messages Associated with Nonverbal Behaviors. Human Communication Research, 10 (3), pp. 351–378.

Cialdini, R. (2021). Influence, The Psychology of Persuasion (new and expanded edition). New York: Harper Collins.

Compton, M., Bakeman, R., Broussard, B., Hankerson-Dyson, D., Husbands, L., Krishan, S., Stewart-Hutto, T., D'Orio, B., Oliva, J., Thompson, N., & Watson, A. (2014). The Police-Based Crisis Intervention Team (CIT) Model: I. Effects on Officers' Knowledge, Attitudes, and Skills. Psychiatric services (Washington, D. C.). 65 (4), 517–522. 10.1176/appi.ps.201300107.

Dave, R. H. (1970). Psychomotor levels. In R. J. Armstrong (Ed.): Developing and writing behavioral objectives. Tucson: Educational Innovators Press.

Dayley, E. H. (2016). Reducing the use of force: De-escalation training for police officers. Naval Postgraduate School Monterey United States. https://apps.dtic.mil/sti/pdfs/AD1029731.pdf.

Deveau, L. M. (2021). Police De-Escalation Training & Education: Nationally, Provincially, and Municipally. Journal of Community Safety and Well-Being, 6 (1), 2–5.

Dollard, J., Miller, N. E., Doob, L. W., Mowrer, O. H., & Sears, R. R. (1939). Frustration and aggression. Yale University Press. https://doi.org/10.1037/10022-000.

Du, M., Wang, X., Yin, S., Shu, W., Hao, R., Zhao, S., Rao, H., Yeung, WL., Jayaram, MB., Xia, J. (2017). De-escalation techniques for psychosis-induced aggression or agitation. Cochrane Database of Systematic Reviews 2017, Issue 4. Art. No.: CD009922. DOI: 10.1002/14651858.CD009922.pub2.

Dutschmann, A. (2003). Das Aggressions-Bewältigungs-Programm ABPro. Aggressionen und Konflikte unter emotionaler Erregung. Deeskalation und Problemlösung (2. Aufl.). Tübingen: Deutsche Gesellschaft für Verhaltenstherapie.

Ellrich, K. & Baier, D. (2015). Einstellungen zur bürgerorientierten Polizeiarbeit. Ergebnisse einer Befragung von Einsatz- und Streifendienst-beamten. SIAK, 4, S. 39 - 54.

Ellrich, K. & Baier, D. (2022). Gewalt gegen die Polizei – ein Überblick zur Verbreitung, zu Einflussfaktoren und Implikationen für die Praxis. In: Staller, M. & S. Koerner (Hrsg.): Handbuch polizeiliches Einsatztraining. Professionelles Konfliktmanagement – Theorie, Trainingskonzepte und Praxiserfahrungen (S. 503 - 521). Berlin: Springer.

Ellrich, K., Baier, D. & Pfeiffer, C. (2012). Polizeibeamte als Opfer von Gewalt: Ergebnisse einer Befragung von Polizeibeamten in zehn Bundesländern. Baden-Baden: Nomos.

Engel, R. S., Corsaro, N., Isaza, G. T., & McManus, H. (2022). Assessing the impact of de-escalation training on police behavior: Reducing police use of force in the Louisville, KY Metro Police Department. Criminology & Public Policy. https://doi.org/10.1111/1745-9133.12574.

Engel, R. S., McManus, H. D., & Herold, T. D. (2020). Does de-escalation training work? A systematic review and call for evidence in police use-of-force reform. Criminology & Public Policy, 19, 721–759.

Engel, R. S., McManus, H. D., & Isaza, G. T. (2020). Moving beyond "Best Practice": Experiences in Police Reform and a Call for Evidence to Reduce Officer-Involved Shootings. The Annals of the American Academy of Political and Social Science, 687(1), 146–165. https://doi.org/10.1177/0002716219889328.

Fecher, L., Leuschner, F. & Lutz, P. (2023). Eskalationsfaktoren bei Gewalt gegen Mitarbeitende von helfenden und normdurchsetzenden Berufsgruppen aus der Perspektive der Angreifenden. Polizei & Wissenschaft, 1/2023, S. 41 - 54.

Felde, H. & May, P. (1980). Auftragstaktik oder Befehlstaktik. Lagebedingte Anwendung des jeweiligen Führungsprinzips erforderlich. Truppen-praxis, 2/81, S. 91 - 94.

Fisher, R. & Ury, W. (1984): Das Harvard-Konzept. Sachgerecht verhandeln – erfolgreich verhandeln. Frankfurt am Main: Campus.

Forgas, J. P. (1999). Soziale Interaktion und Kommunikation. Eine Einführung in die Sozialpsychologie (4. Auflage). Weinheim: Psychologie Verlags Union.

Friebel, F. & Paulus, M. (2023). Unmittelbare taktische Kommunikation als Interventionsmaßnahme der deutschen Polizei in herausragenden lebensbedrohlichen Einsatzlagen. In: M. S. Staller, B. Zaiser, S. Koerner (Hrsg.): Handbuch Polizeipsychologie (S. 461 - 476). Wiesbaden: Springer Gabler. https://doi.org/10.1007/978-3-658-40118-423

Fyfe, J. J. (1986). The Split-Second Syndrome and Other Determinants of Police Violence. In R. G. Dunham & G. P. Alpert (Eds.): Critical Issues in Policing: Contemporary Readings (531–546). 3rd ed. Edited Prospect Heights, Illinois: Waveland Press, Inc.

Gaynes, B., Brown, C., Lux, L., Brownley, K., Van Dorn, R., Edlund, M., Coker-Schwimmer, E., Weber, R., Sheitman, B., Zarzar, T., Viswanathan, M., & Lohr, K. (2017). Preventing and De-escalating Aggressive Behavior Among Adult Psychiatric Patients: A Systematic Review of the Evidence. Psychiatric services (Washington, D.C.). 68. appips201600314. 10.1176/appi.ps.201600314.

Giacomantonio, C., Goodwin, S., & Carmichael, G. (2019). Learning to deescalate: evaluating the behavioural impact of Verbal Judo training on police constables, Police Practice and Research, 21 (4), 401–417. https://doi.org/10.1080/15614263.2019.1589472.

Giessing, L., Frenkel, M. O. (2022). Virtuelle Realität als vielversprechende Ergänzung im polizeilichen Einsatztraining – Chancen, Grenzen und Implementationsmöglichkeiten. In: M. S. Staller & S. Koerner, (Hrsg.), Handbuch polizeiliches Einsatztraining (S. 680 - 692). Springer Gabler, Wiesbaden. https://doi.org/10.1007/978-3-658-34158-9_36.

Gigerenzer, G. (2023). The Intelligence of Intuition. Cambridge: Cambridge University Press. Doi:10.1017/9781009304887.

Glasl, F. (1980). Konfliktmanagement. Diagnose und Behandlung von Konflikten in Organisationen. Bern: Haupt.

Goh, L. S. (2021). Did de-escalation successfully reduce serious use of force in Camden County, New Jersey? A synthetic control analysis of force outcomes. Criminology & public policy, 20, 207–241.

Gollwitzer, P., & Sheeran, P. (2006). Implementation Intentions and Goal Achievement: A Meta-Analysis of Effects and Processes. First publ. in: Advances in Experimental Social Psychology 38 (2006), pp. 69–119. 38. 10.1016/S0065-2601(06)38002-1.

Grayson, D., & Stein, M. I. (1984). Attracting Assault: Victims' Nonverbal Cues. Journal of Communication, 31 (1), p. 68–75.

Grubb, A. R. (2023a). Effective Police Negotiation: Synthesising the Strategies and Techniques That Promote Success Within Hostage or Crisis Situations. In: M. S. Staller, S. Koerner, & B. Zaiser (Eds.). Police Conflict Management: Volume I - Challenges and Opportunities in the 21th Century (p. 285–314). Cham: Palgrave Macmillan.

Grubb, A. R. (2023b). Police Hostage and Crisis Negotiation Training: Foci, Protocols and Best Practice Principles. In: M. S. Staller, S. Koerner, & B. Zaiser (Eds.). Police Conflict Management: Volume II - Training and Education (p. 293–324). Cham: Palgrave Macmillan.

Gunns, R. E., Johnston, L., & Hudson, S. M. (2002). Victim Selection and Kinematics: A Point-light Investigation of Vulnerability to Attack. Journal of Nonverbal Behavior, 26 (3), pp. 129–158.

Hallenberger, F. (2014a). Ich-Botschaften. In F. Hallenberger & C. Lorei (Hrsg.): Grundwissen Kommunikation (139 - 152). Frankfurt: Verlag für Polizeiwissenschaft.

Hallenberger, F. (2014b). Aktives Zuhören. In F. Hallenberger & C. Lorei (Hrsg.): Grundwissen Kommunikation (155 - 161). Frankfurt: Verlag für Polizeiwissenschaft.

Hallenberger, F., Thielgen, M. M., Dornbach, F. & Frick, S. (2020). Die Wirkung der Kommunikationstaktiken „Tit for Tat" und „Ventilierenlassen" oder wie es in den Wald schallt, schallt es nicht heraus. In: C. Lorei & B. Körber (Hrsg.), Psychologie im Polizeieinsatz. Festschrift für Hans Peter Schmalzl (S. 171 - 213). Frankfurt: Verlag für Polizeiwissenschaft.

Hammer, M. (2008). The S.A.F.E. Model of Negotiating Critical Incidents (November 9, 2008). IACM 21st Annual Conference Paper, Available at SSRN: https://ssrn.com/abstract=1298603 or http://dx.doi.org/10.2139/ssrn.1298603.

Harman, J. L., Zhang, D., & Greening, S. G. (2019). Basic Processes in Dynamic Decision Making: How Experimental Findings About Risk, Uncertainty, and Emotion Can Contribute to Police Decision Making. Front. Psychol. 10:2140. https://doi.org/10.3389/fpsyg.2019.02140.

Harrow, A. J. (1972). A Taxonomy of the Psychomotor Domain: A Guide for Developing Behavioral Objectives. London: Longman Publishing Group.

Heckhausen, H., Gollwitzer, P. M. & Weinert, F. E. (Hrsg.) (1987). Jenseits des Rubikon: Der Wille in den Humanwissenschaften. Berlin: Springer.

Hermanutz, M. (1995). Prügelknaben der Nation oder Freund und Helfer: Die Zufriedenheit von Bürgern mit den Umgangsformen der Polizei nach einem persönlichen Polizeikontakt – eine empirische Untersuchung. Die Polizei, 10, 281 - 287.

Hermanutz, M. (2014). Polizeibeamte und Provokation. In F. Hallenberger & C. Lorei (Hrsg.): Grundwissen Kommunikation (241 - 257). Frankfurt: Verlag für Polizeiwissenschaft.

Hermanutz, M. (2015). Gewalt gegen Polizisten – sinkender Respekt und steigende Aggression? Eine Beleuchtung der Gesamtumstände. Frankfurt: Verlag für Polizeiwissenschaft.

Hermanutz, M. & Spöcker, W. (2012). Kommunikation mit den Bürgern bei polizeilichen Routinetätigkeiten. In H. P. Schmalzl & M. Hermanutz (Hrsg.). Moderne Polizeipsychologie in Schlüsselbegriffen (3. Aufl.) (174 - 155). Stuttgart: Boorberg.

Herr, A. T., Leuschner, F., Jaroschek, H., Balaneskovic, K., Niewöhner, A. & Lorei, C. (2023). Gefahrenwahrnehmung und Eigensicherung von Polizeivollzugsbeamt*innen und Rettungskräften. Eine vergleichende Darstellung anwendungsbezogener Aspekte. Polizei & Wissenschaft, 1/2023, S. 55 - 66.

Hessisches Ministerium des Innern und für Sport (Hrsg.) (2012). Polizeidienstvorschrift (PDV) 100 „Führung und Einsatz der Polizei" – Ausgabe 2012.

Heubrock, D. & Palkies, P. (2008). Der Rapport. Grundlagen und Anwendung eines taktischen Kommunikationsmittels in der Beschuldigten- und Zeugenvernehmung, Kriminalistik (11), 602 - 607.

Heyder, B. (2016). Gewalt. Das Dilemma mit dem Selbstwert. Die Klientzentrierte-Gewalt-Analyse als neue Methode im Anti-Aggressivitäts-Training. Stuttgart: Ibidem-Verlag.

Hine, K. A., Porter, L. E., Westera, N. J., & Alpert, G. P. (2016). Too much or too little? Individual and situational predictors of police force relative to suspect resistance. Policing and Society, An International Journal of Research and Policy, 28 (5), 587–604. https://doi.org/10.1080/10439463.2016.1232257.

Hücker, F. (2017). Rhetorische Deeskalation: Deeskalatives Einsatzmanagement – Stress- und Konfliktmanagement im Polizeieinsatz (4. Auflage). Stuttgart: Boorberg.

IACP. (2017). National Consensus Policy and Discussion Paper on Use of Force. https://www.theiacp.org/sites/default/files/all/n-o/NationalConsensusPolicyOnUseOfForce.pdf.

Jaccard, R., & Cojean, S. (2023). Police checks and arrests escalating into conflict: Coping principles and strategies taught in Swiss police academies drawn from research in social psychology. In: M. S. Staller, S. Koerner, & B. Zaiser (Eds.). Police Conflict Management: Volume II - Training and Education (pp. 159–185). Cham: Palgrave Macmillan.

Jamieson, J., & Kaszor, N. (1986). Social comparison and recovery from stress. Canadian Journal of Behavioural Science, 18, 140–145.

Jamieson, J., & Minthorn-Biggs, M.-B. (1989). Anger and delayed heart rate recovery. Psychophysiology, 26, p. 35.

Kaluza, G. (2011). Stressbewältigung. Trainingsmanual zur psychologischen Gesundheitsförderung. 2. vollständig überarbeitete Auflage. Berlin, Heidelberg: Springer.

Kelln, B., & McMurtry, C. M. (2007). STEPS–structured tactical engagement process: a model for crisis negotiation. Journal of Police Crisis Negotiations, 7(2), pp. 29–51.

Kelly, C., Miller, J., Redlich, A., & Kleinman, S. (2013). A Taxonomy of Interrogation Methods. Psychology, Public Policy, and Law, 19 (2), 165–178. 10.1037/a0030310.

Kewley, R. H. (2004). Agent-Based Model of Auftragstaktik: Self Organization in Command and Control of Future Combat Forces. In R. G. Ingalls, M. D. Rossetti, J. S. Smith, & B. A. Peters (Eds.): Simulation Conference, 2004. Proceedings of the 2004 Winter, (Volume 1) pp. 926– 930. Abrufbar unter: http://www.informssim.org/wsc04papers/118.pdf (abgerufen am 23.8.2013).

Kißling, K. (2021). Forschungsergebnisse zur Bodycam – welchen Nutzen hat ein Vergleich auf internationaler Ebene? Polizei & Wissenschaft, 3/2021, 2 - 10.

Kleinbeck, U. (15.2.2021). Ziel. Dorsch. Lexikon der Psychologie. URL: https://dorsch.hogrefe.com/stichwort/ziel.

Kleinbeck, U. (16.4.2021). Zieltheorien. Dorsch. Lexikon der Psychologie. URL: https://dorsch.hogrefe.com/stichwort/zieltheorien.

Koch, B. & Schmidt, P. (2007). Einsatzlehre der Polizei. Anleitung für Ausbildung und Praxis. Band 1: Grundlagen. Stuttgart: Richard Boorberg Verlag.

Körner, M. & Lemme, T. (2020). "Haben Sie gut hergefunden?" Die Bedeutung der Rapport-Phase für den Verlauf der polizeilichen Vernehmung, SIAK-Journal – Zeitschrift für Polizeiwissenschaft und polizeiliche Praxis (3), S. 48 - 61, online: http://dx.doi.org/10.7396/20203E.

Krathwohl, D. R., Bloom, B. S. & Masia, B. B. (1978). Taxonomie von Lernzielen im affektiven Bereich. Weinheim: Beltz.

Kubera, T. & Fuchs, N. K. (2011). Strategie und Taktik zur Erfüllung des Deeskalationsgebotes. Deeskalation aus Sicht der polizeilichen Einsatzlehre. Deutsches Polizeiblatt für die Aus- und Fortbildung, 5, 11 - 14.

LaFrance, M., & Broadbent, M. (1976). Group Rapport: Posture Sharing as a Nonverbal Indicator. Group & Organization Studies 1 (3), pp. 328–333.

Lai, J., & Linden, W. (1989). Anger-In/Anger-Out preferences predict autonomic response to provocation and recovery. Psychophysiology, 26, 40.

Landers, B. (14.10.2017). Are de-escalation policies dangerous? *Police Magazine*. URL: https://www.policemag.com/342333/are-de-escalation-policies-dangerous.

Lasogga, F. (2014). Psychische Erste Hilfe. In C. Lorei & F. Hallenberger (Hrsg.): Grundwissen Kommunikation (S. 213 - 213). Frankfurt: Verlag für Polizeiwissenschaft.

Laumer, M. & Welscher, P. (2023). Interaktionsdynamiken bei Konfliktsituationen zwischen Bürger*innen und der Polizei. Polizei & Wissenschaft, 1/2023, S. 35 - 40.

Leach, B., Gloinson, E. R., Sutherland, A., & Whitmore, M. (2019). Reviewing the Evidence Base for De-escalation Training: A Rapid Evidence Assessment. Santa Monica, CA: RAND Corporation, 2019. https://www.rand.org/pubs/researchreports/RR3148.html.

Lee, H., Jang, H., Yun, I., Lim, H., & Tushaus, D. (2010). An examination of police use of force utilizing police training and neighborhood contextual factors: A multilevel analysis. Policing: An International Journal of Police Strategies & Management, 33, 681–702. https://doi.org/10.1108/13639511011085088.

Leuschner, F., Herr, A. T., Lutz, P., Fecher, L. & Selzer, M. (2022). Gewalt gegen Rettungsdienstpersonal. Bundesgesundheitsblatt, 65, S. 1051 - 1058. https://doi.org/10.1007/s00103-022-03564-5.

Liebl, K. (2016). Gewalt gegen Polizisten: Dramatischer Anstieg oder Veränderung aufgrund gesellschaftlicher Entwicklungen? Soziale Probleme, 27(1), S. 75 - 94.

Lim, B.-C., & Klein, K. (2006). Team mental models and team performance: A field study of the effects of team mental model similarity and accuracy. Journal of Organizational Behavior. 27. 10.1002/job.387.

Lindner, L. (2016). Respekt. In D. Frey (Hrsg.), Psychologie der Werte (S. 158 - 175). Berlin: Springer.

Locke, E. A. (1968). Toward a theory of task motivation and incentives. Organisational Behavior and Human Performance, 3, pp. 157–189.

Locke, E. A., & Latham, G. P. (1984). Goal setting: A motivational technique that works? Englewood Cliffs, NJ: Prentice-Hall.

Loquai, H. (1980). Die Auftragstaktik als militärische Führungskonzeption. Analyse im Hinblick auf die Führungsbedingungen unserer Zeit. Truppenpraxis, 6/80, S. 443 - 450.

Lorei, C. (1999). Der Schußwaffeneinsatz bei der Polizei: Eine empirisch-psychologische Analyse. Berlin: Wissenschaftlicher Verlag Berlin.

Lorei, C. (2003.). Ansätze zur (Ent-)Hemmung potenziell tödlich wirkender Handlungen gegen Menschen. Polizei & Wissenschaft, 4-2003; S. 26 - 42.

Lorei, C. (2014a). Stressreaktionen. In F. Hallenberger & C. Lorei (Hrsg.): Grundwissen Stress (S. 31 - 44). Frankfurt: Verlag für Polizeiwissenschaft.

Lorei, C. (2014b). Stress & Leistung. In F. Hallenberger & C. Lorei (Hrsg.): Grundwissen Stress (S. 87 - 146). Frankfurt: Verlag für Polizeiwissenschaft.

Lorei, C. (2021a). Professionalisierung und Wissenschaft zur Gewalt in der Polizei. In: R. Trimpop, A. Fischbach, I. Seliger, A. Lynnyk, N. Kleineidam & A. Große-Jäger (Hrsg.): 21. Workshop Psychologie der Arbeitssicherheit und Gesundheit. Gewalt in der Arbeit verhüten und die Zukunft gesundheitsförderlich gestalten! (S. 17 - 24). Kröning: Asanger Verlag.

Lorei, C. (2021b). Kommunikation statt Gewalt. Zur Praxis der Deeskalation von Polizeibeamten in Einsatzlagen. Kriminalistik, 1, S. 16 – 23.

Lorei, C. (Hrsg.) (2020). Kommunikation statt Gewalt (2., erweiterte Auflage). Frankfurt: Verlag für Polizeiwissenschaft.

Lorei, C. & Balaneskovic, K. (2020). Schusswaffengebrauch gegen Personen in Deutschland 2013 - 2017. In C. Lorei (Hrsg.) (2020). Studien zum Schusswaffeneinsatz: Polizeilicher Schusswaffengebrauch in Deutschland und Europa (S. 3 - 60). Frankfurt am Main: Verlag für Polizeiwissenschaft.

Lorei, C. & Balaneskovic, K. (2023). Psychologie des polizeilichen Schusswaffengebrauchs. In M. Staller, B. Zaiser & S. Körner (Hrsg.): Handbuch Polizeipsychologie. Wissenschaftliche Perspektiven und praktische Anwendungen (S. 541 - 560). Wiesbaden: Springer Gabler.

Lorei, C. & Hartmann, J. (2020). Polizei & Ego Depletion. In W. Nettelnstroth (Hrsg.): Neue Erkenntnisse aus Wissenschaft und Praxis zur Polizeipsychologie (S. 202 - 215). Frankfurt: Verlag für Polizeiwissenschaft.

Lorei, C. & Kocab, K. (2023). Deeskalation in Alltagseinsätzen. In M. Staller, B. Zaiser & S. Körner (Hrsg.): Handbuch Polizeipsychologie. Wissenschaftliche Perspektiven und praktische Anwendungen (S. 441 - 459). Wiesbaden: Springer Gabler.

Lorei, C. & Litzcke, S. (2014). Nonverbale Kommunikation. In C. Lorei & F. Hallenberger (Hrsg.): Grundwissen Kommunikation (S. 47 - 84). Frankfurt: Verlag für Polizeiwissenschaft.

Lorei, C., Balaneskovic, K., Groß, H. & Kocab, K. (2023b) Deeskalation als Thema der polizeilichen Fortbildung in Europa. Ein Vergleich innerhalb der Europäischen Union. SIAK-Journal, 2/2023, S. 18 - 35.

Lorei, C., Balaneskovic, K., Kocab, K. & Groß, H. (2023e). Techniken und Adressaten der Deeskalation in der polizeilichen Fortbildung in Europa. Format Magazin.

Lorei, C., Balaneskovic, K., Kocab, K. & Groß, H. (2023a). Deeskalation als Thema im Studium und in der Ausbildung der Deutschen Polizei. Polizei & Wissenschaft, 1/2023, S. 67 - 91.

Lorei, C., Hallenberger, F., Fischbach, A. & Lichtenthaler, P. W. (2014). Polizei & Stress. In F. Hallenberger & C. Lorei (Hrsg,): Grundwissen Stress (S. 211 - 282). Frankfurt: Verlag für Polizeiwissenschaft.

Lorei, C., Hartmann, J., Müller, J. & Ellrich, K. (2019) Gewalterfahrungen im Rettungsdienst. Häufigkeit, situative Umstände und Folgen. Polizei & Wissenschaft, 3/2019, S. 35 - 66.

Lorei., C., Balaneskovic, K., Kocab, K. & Groß, H. (2023b) Deeskalation als Fortbildungsthema deutscher Polizeien. Teil 1: Grundlagen und Forschungsstand zur Deeskalation. Die Polizei.

Lorei., C., Balaneskovic, K., Kocab, K. & Groß, H. (2023c) Deeskalation als Fortbildungsthema deutscher Polizeien. Teil 2: Ergebnisse und Diskussion der empirischen Erhebung in Deutschland. Die Polizei,

Mangold, A. (2011). Die friedfertige Polizistin? Die Praxis der Deeskalation aus der Sicht von Männern und Frauen im Streifendienst. In A. Lüdtke, H. Reinke & M. Sturm (Hrsg.): Polizei, Gewalt und Staat im 20. Jahrhundert (S. 145 – 168). VS Verlag für Sozialwissenschaften. https://doi.org/10.1007/978-3-531-93385-6_7.

Marth, D. (2003). Geiselnahme. Erleben und Handeln von Tätern und Opfern (BKA: Polizei + Forschung, Bd. 23). Neuwied: Luchterhand.

Mathieu, J. E., Heffner, T. S., Goodwin, G. F., Salas, E., & Cannon-Bowers, J. A. (2000). The influence of shared mental models on team process and performance. Journal of Applied Psychology, 85(2), 273–283. https://doi.org/10.1037/0021-9010.85.2.273.

Mento, A. J., Steel, R. P., & Karren R. J. (1987). A Meta-Analytic Study of the Effects of Goal Setting on Task Performance: 1966–1984. Organizational Behavior and Human Decision Processes, 39, pp. 52–83.

Merton, R. K. (1948). The self-fulfilling prophecy. The Antioch Review, 8(2), 193–210.

Mischel, W. (2015) Der Marshmallow-Test: Willensstärke, Belohnungsaufschub und die Entwicklung der Persönlichkeit, Siedler Verlag, München.

Möllers, M. (2019). Was sind eigentlich sog. ‚Widerstandsbeamte'? Erläuterungen zu einem kriminologischen Begriff. In: M. Möllers & R. C. van Ooyen (Hrsg.), Jahrbuch Öffentliche Sicherheit 2018/2019 (S. 359 - 362). Frankfurt: Verlag für Polizeiwissenschaft.

Murzynski, J., & Degelmann, D. (1996). Body Language of Women and Judgment of Vulnerability to Sexual Assault. Journal of Applied Social Psychology, 26 (18), p. 1617–1626.

Nettelnstroth, W. (2014). Grundlagen der Kommunikation im Kontext der Polizei. In F. Hallenberger & C. Lorei (Hrsg.): Grundwissen Kommunikation (5 - 45). Frankfurt: Verlag für Polizeiwissenschaft.

Neumann, R. (2006). Emotionale Ansteckung. In H.-W. Bierhoff & D. Frey (Hrsg.), Handbuch Sozialpsychologie und Kommunikationspsychologie (S. 510 - 514). Göttingen: Hogrefe.

Neuztler, M. & Schenk, C. (2011). Kommunikation als Teil der Deeskalation am Beispiel der Langzeitlage Bau der Landebahn Nord am Flughafen Frankfurt/Main. Strategisch-taktisches Kommunikationskonzept. Deutsches Polizeiblatt für die Aus- und Fortbildung, 5, S. 18 - 21.

Nieuwenhuys, A., Canal Bruland, R., & Oudejans, R. R. D. (2012). Effects of Threat on Police Officers' shooting behavior: Anxiety, action specificity and affective influences on perception. Applied Cognitive Psychology, 26, 608–615. https://doi.org/10.1002/acp.2838.

Nieuwenhuys, A., Savelsbergh, G. J. P., & Oudejans, R. R. D. (2015). Persistence of threat-induced errors in police officers' shooting decisions. Applied Ergonomics, 48, 263–272. https://doi.org/10.1016/j.apergo.2014.12.006.

Nieuwenhuys, A., Savelsbergh, G. J., & Oudejans, R. R. (2012). Shoot or don't shoot? Why police officers are more inclined to shoot when they are anxious. Emotion, 12(4), 827–833. https://doi.org/10.1037/a0025699.

Nolting, H.-P. (2005). Lernfall Aggression. Reinbeck: Rororo.

Noppe, J. (2016). Are all police officers equally triggered? A test of the interaction between moral support for the use of force and exposure to provocation. Policing and society, 28 (5), 605–618.

Ohlemacher, T., Feltes, T. & Klukkert, A. (2008). Die diskursive Rechtfertigung von Gewaltanwendung durch Polizeibeamtinnen und -beamte. Polizei & Wissenschaft, 2/2008, S. 20 - 29.

Ohlemacher, T., Rüger, A., Schacht, G. & Feldkötter, U. (2003). Gewalt gegen Polizeibeamtinnen und -beamte 1985 - 2000. Baden-Baden: Nomos.

Oliva, J. R., Morgan, R., & Compton, M. T. (2010). A Practical Overview of De-Escalation Skills in Law Enforcement: Helping Individuals in Crisis While Reducing Police Liability and Injury. Journal of Police Crisis Negotiations, 10, 15–29. https://doi.org/10.1080/15332581003785421.

Öllinger, M. (12.8.2022). Strategie. Dorsch. Lexikon der Psychologie. URL: https://dorsch.hogrefe.com/stichwort/strategie.

Pastoors, S., Becker, J. H., Ebert, H. & Auge, M., (2019). Praxishandbuch werteorientierte Führung: Kompetenzen erfolgreicher Führungskräfte im 21. Jahrhundert. Berlin: Springer.

Pfeiffer, P. (2012). Einsatzkommunikation. In C. Lorei & J. Sohnemann (Hrsg.): Grundwissen zur Eigensicherung (85 - 108). Frankfurt: Verlag für Polizeiwissenschaft.

Pfeiffer, P. (2014). Kommunikative Deeskalation. C. Lorei & F. Hallenberger (Hrsg.): Grundwissen Kommunikation (189 - 210). Frankfurt: Verlag für Polizeiwissenschaft.

Pinizzotto, A. J., & Davis, E. F. (1999). Offenders‘ Perceptual Shorthand. What Messages are Law Enforcement Officers Sending to Offenders? Law Enforcement Bulletin, 68 (6), 1–4.

Pontzer, D. (2021). Recommendations for Examining Police Deescalation and use of Force Training, Policies, and Outcomes. Journal of police and criminal psychology, 36, 314–332. https://doi.org/10.1007/s11896-021-09442-1.

Price, O. & Baker, J. (2012). Key components of de-escalation techniques: a thematic synthesis. International Journal of Mental Health Nursing, 21 (4), 310–319. https://doi.org/10.1111/j.1447-0349.2011.00793.x.

Rau, M. & Leuschner, F. (2018) Gewalterfahrungen von Rettungskräften im Einsatz – Eine Bestandsaufnahme der empirischen Erkenntnisse in Deutschland. Neue Kriminalpolitik, 30 (3), S. 316 - 335.

Regehr, C., & LeBlanc, V. R. (2017). PTSD, Acute Stress, Performance and Decision-Making in Emergency Service Workers. The journal of the American Academy of Psychiatry and the Law, 45(2), 184–192.

Reid, V. (1990). Comparison of heart rate recovery from physical and mental stress. Thesis an der LAKEHEAD UNIVERSITY THUNDER BAY, ONTARIO. URL: https://knowledgecommons.lakeheadu.ca/handle/2453/1045.

Remke, S. (2011). Ausgewählte Ansatzpunkte zur polizeilichen Deeskalation bei Demonstrationen. Professionelles Handeln von Einsatzeinheiten. Deutsches Polizeiblatt für die Aus- und Fortbildung, 5, S. 15 - 17.

Remke, S. & Marx, J. (2016). Die drei Säulen der Taktischen Kommunikation. Die Polizei, 3, S. 81 - 88.

Rho, E. H., Harrington, M., Zhong, Y., Pryzant, R., Camp, N. P., Jurafsky, D., & Eberhardt, J. L. (2023). Escalated police stops of Black men are linguistically and psychologically distinct in their earliest moments. Proceedings of the National Academy of Sciences, 120 (23). URL: https://www.pnas.org/doi/10.1073/pnas.2216162120.

Richmond, J. S., Berlin, J. S., Fishkind, A. B., Holloman, G. H., Zeller, S. L., Wilson, M. P., & Aly, R. M. (2012). Verbal De-escalation of the Agitated Patient: Consensus Statement of the American Association for Emergency Psychiatry Project BETA De-escalation Workgroup. Western

Journal of Emergency Medicine: Integrating Emergency Care with Population Health, 13(1). http://dx.doi.org/10.5811/westjem.2011.9.6864.

Richter, D. (2006). Nonphysical conflict management and deescalation. In D. Richter & R. Whittington (Eds.): Violence in mental health settings: Causes, consequences, management (125–141). Springer Science + Business Media. https://doi.org/10.1007/978-0-387-33965-87.

Roberton, T., Daffern, M., Thomas, S., & Martin, T. (2012). De-escalation and limit-setting in forensic mental health units. Journal of Forensic Nursing, 8, 94–101.

Roger, D., & Jamieson, J. (1988). Individual differences in delayed heart-rate recovery following stress: The role of extraversion, neuroticism and emotional control. Personal Individual Differences, 9, pp. 721–726.

Röttger, S., Theobald, D. A., Abendroth, J., & Jacobson, T. (2020). The Effectiveness of Combat Tactical Breathing as Compared with Prolonged Exhalation. Appl Psychophysiol Biofeedback 46, 19–28. https://doi.org/10.1007/s10484-020-09485-w.

Salewski & Schaefer (1979). Geiselnahme und erpresserischer Menschenraub. BKA-Forschungsreihe Bd. 10. Wiesbaden: Bundeskriminalamt.

Scharf, P., & Binder, A. (1983). The Badge and the Bullet - Police Use of Deadly Force. Praeger, New York.

Schenk, C., Singer, S. & Neutzler, M. (2012). Taktische Kommunikation. In H. P. Schmalzl & M. Hermanutz (Hrsg.). Moderne Polizeipsychologie in Schlüsselbegriffen (3. Aufl.) (336 - 346). Stuttgart: Boorberg.

Schmalzl, H. P. (1996). Deeskalation – Entstehungsgeschichte, Irrungen und Versuch der Klärung eines schwierigen Begriffs. Die Polizei, 10, 254 - 262.

Schmalzl, H. P. (2005). Das Problem des "plötzlichen" Angriffs auf Polizeibeamte. Polizei & Wissenschaft, 3/2005, 8 - 18.

Schmalzl, H. P. (2008). Einsatzkompetenz: Entwicklung und empirische Überprüfung eines psychologischen Modells operativer Handlungskompetenz zur Bewältigung kritischer Einsatzsituationen im polizeilichen Streifendienst. Frankfurt: Verlag für Polizeiwissenschaft.

Schmalzl, H. P. (2011). Irrungen und Erkenntnisse der Polizei in ihrem Bemühen um Deeskalation im Protestgeschehen. Deeskalation will ver-standen sein. Deutsches Polizeiblatt für die Aus- und Fortbildung, 5, 8 - 11.

Schmalzl, H. P. (2012). Deeskalation im Protestgeschehen. In H. P. Schmalzl & M. Hermanutz (Hrsg.). Moderne Polizeipsychologie in Schlüsselbegriffen (3. Aufl.) (66 - 74). Stuttgart: Boorberg.

Schmidt, M. (2007). Psychologische Bedingungen zur kommunikativen Deeskalation bei Konflikten und Gewalt. In C. Lorei (Hrsg.): Polizei & Psychologie. Kongressband der Tagung „Polizei & Psychologie" am 3. und 4. April 2006 in Frankfurt am Main (633 - 660). Frankfurt: Verlag für Polizeiwissenschaft.

Schuck, A. M., Rabe-Hemp, C., & Harris, C. (2023): A Feminist Ethics of Care Approach to De-escalation in Policing. In: M. S. Staller, S. Koerner & B. Zaiser (Eds.). Police Conflict Management: Volume I - Challenges and Opportunities in the 21th Century (p. 169-193). Cham: Palgrave Macmillan.

Schulz von Thun, F. (1981, 2011). Miteinander Reden: 1 Störungen und Klärungen. Reinbek: Rowolth.

Semple, T., Jenkins, B., & Bennell, C. (2023). A Practical Guide for Developing De-escalation Training. In: M. S. Staller, S. Koerner, & B. Zaiser (Eds.). Police Conflict Management: Volume II - Training and Education (pp. 239–262). Cham: Palgrave Macmillan.

Sessar, K., Baumann, U. & Müller, J. (1980). Polizeibeamte als Opfer vorsätzlicher Tötung. BKA-Forschungsreihe (Bd. 12). Wiesbaden: Bundeskriminalamt.

Shannon, C. E., & Weaver, W. (1949). The mathematical theory of communication. University of Illinois Press.

Shcheslavskaya, O. V., Burg, M. M., McKinley, P. S., Schwartz, J. E., Gerin, W., Ryff, C. D., Weinstein, M., Seeman, T. E., & Sloan, R. P. (2010). Heart rate recovery after cognitive challenge is preserved with age. Psychosomatic medicine, 72(2), 128–133. https://doi.org/10.1097/PSY.0b013e3181c94ca0.

Siebecke, D. & Kaluza, G. (2014). Stressmanagement. In F. Hallenberger & C. Lorei (Hrsg,): Grundwissen Stress (S. 47 - 84). Frankfurt: Verlag für Polizeiwissenschaft.

Simpson, S. A., Sakai, J., & Rylander, M. (2020). A Free Online Video Series Teaching Verbal De-escalation for Agitated Patients. *Academic psychiatry: the journal of the American Association of Directors of Psychiatric Residency Training and the Association for Academic Psychiatry*, *44*(2), 208–211. https://doi.org/10.1007/s40596-019-01155-2.

Smith, S. T. (2003). Surviving Aggressive People. Practical violence prevention skills for the workplace and the street. Boulder: Sentient Publications.

Spencer, S., Johnson P., & Smith I. C. (2018). De-escalation techniques for managing non-psychosis induced aggression in adults. Cochrane Database of Systematic Reviews 2018, Issue 7. Art. No.: CD012034. DOI: 10.1002/14651858.CD012034.pub2.

Spielfogel, J. E., & McMillen, J. C. (2017). Current use of de-escalation strategies: Similarities and differences in de-escalation across professions. Social Work in Mental Health, 15 (3), 232–248. https://doi.org/10.1080/15332985.2016.1212774.

Steadman, H. J., & Morissette, D. (2016). Police Responses to Persons with Mental Illness: Going Beyond CIT Training. Law & Psychiatry, 67 (10), 1054–1056. https://doi.org/10.1176/appi.ps.201600348.

Steffes-enn, R. (2020). Perspektivenwechsel. Eine qualitative Untersuchung zur Funktionalität der Gewalt gegen Polizei aus Tätersicht. Frankfurt: Verlag für Polizeiwissenschaften.

Steingräber, A.-M., Fischer, A. & Gorzka, R.-J. (2021). Stressmanagement für spezialisierte und Spezialkräfte. Manual für die Ausbildung. Frankfurt: Verlag für Polizeiwissenschaft.

Sticher, B. (2016). Aggressives und prosoziales Verhalten. In: Porsch, T. & Werdes, B. (Hrsg.): Polizeipsychologie. Ein Lehrbuch für das Bachelorstudium (S. 237 - 264). Göttingen, Hogrefe Verlag.

Sticher, B. (2022). Emotionsregulation im Polizeiberuf. In: Körber, B.; Schmalz, H.-P. & Hermanutz, M.: Moderne Polizeipsychologie in Schlüsselbegriffen (S. 197 - 219). Stuttgart: Boorberg Verlag.

Suchday, S., Carter, M. M., Ewart, C. K., Larkin, K. T., & Desiderato, O. (2004). Anger Cognitions and Cardiovascular Recovery Following Provocation. Journal of Behavioral Medicine, 27, pp. 319–341. https://doi.org/10.1023/B:JOBM.0000042408.80551.e1.

Temme, M. (2011). Mythos Deeskalation. Schlagwort von gestern oder gelebte Polizeipraxis? Deutsches Polizeiblatt für die Aus- und Fortbil-dung, 5, 5 - 7.

Thayer, S. (1969). The Effect of Interpersonal Looking Duration on Dominance Judgments. The Journal of Social Psychology, 79 (2), pp. 285–286.

Thielgen, M. M. & Schade, S. (2023). Das Erscheinungsbild und nonverbale Verhalten von Polizist*innen im Polizeieinsatz. In: S. Staller, M., Zaiser,

B., Koerner, S. (Hrsg.): Handbuch Polizeipsychologie (S. 62 - 89). Wiesbaden: Springer Gabler. https://doi.org/10.1007/978-3-658-40118-44.

Ting-Toomey, S. (2015). Facework/Facework negotiation theory. In J. Bennett (Ed.), Sage Encyclopedia of Intercultural Competence, Volume 1 (pp. 325–330). Los Angeles, CA: Sage.

Todak, N. & James, L. (2018). A Systematic Social Observation Study of Police De-Escalation Tactics. Police Quarterly, 21 (4), 509–543. https://doi.org/10.1177/1098611118784007.

Todak, N. & White, M. D. (2019). Expert officer perceptions of de-escalation in policing. Policing: An International Journal, 42 (5), 832–846. https://doi.org/10.1108/PIJPSM-12-2018-0185.

Tränkle, S. (2015). Der Topos des Widerstandsbeamten als verdichtete Selbstkritik der Polizei. In B. Frevel & R. Behr: Empirische Polizeiforschung XVII: Die kritisierte Polizei (142 - 164). Frankfurt: Verlag für Polizeiwissenschaft.

Tränkle, S. (2020). Autoritätserhalt um jeden Preis? Was Streifenbeamt*innen bewegt, bei drohenden Widerstandslagen auf die Durchsetzung des Gewaltmonopols zu verzichten und Handlungsspielräume zur Deeskalation zu nutzen. In D. Hunold & A. Ruch (Hrsg.): Polizeiarbeit zwischen Praxishandeln und Rechtsordnung (143 - 164). Edition Forschung und Entwicklung in der Strafrechtspflege. Springer: Wiesbaden. https://doi.org/10.1007/978-3-658-30727-17.

Trommsdorff, G., Haag, C. & List, R. (1979). Zukunftsorientierung, Belohnungsaufschub und Risikobereitschaft bei weiblichen jugendlichen Delinquenten. In: Kölner Zeitschrift für Soziologie und Sozialpsychologie. Band 31, Nr. 4, S. 732 – 745.

Tupps, M. E. (1986). Goal Setting: A Meta-Analytic Examination of the Empirical Evidence. Journal of Applied Psychology, 71 (3), S. 474 - 483.

Tuttle, B. M., Merten, M. J., Gardner, B., Bishop, A. J., & Croff, J. M. (2021). Emotional distress among police academy recruits: Humor and coping. The Police Journal: Theory, Practice and Principles, 0032258X2110184. doi:10.1177/0032258x211018494.

Tyler, T. R., & Folger, R. (1980). Distributional and Procedural Aspects of Satisfaction With Citizen-Police Encounters. Basic and Applied Social Psycology, 1 (4), 281–292.

Ungerer, D. (2003). Der militärische Einsatz. Bedrohung – Führung – Ausbildung. Postdam: Miles-Verlag.

Ungerer, D. & Morgenroth, U. (2001). Analysen des menschlichen Fehlverhaltens in Gefahrensituationen. Empfehlungen für die Ausbildung. In Bundesverwaltungsamt – Zentralstelle für Zivilschutz (Hrsg.): Zivilschutz-Forschung, Band 43. Bonn: Bundesverwaltungsamt – Zentralstelle für Zivilschutz.

Ungerer, D. & Ungerer, J. (2008). Lebensgefährliche Situationen als polizeiliche Herausforderungen. Entstehung – Bewältigung – Ausbildung. Frankfurt: Verlag für Polizeiwissenschaft.

Uniform Crime Reports Section (1994). Killed in the Line of Duty. A Study of Selected Felonious Killings of Law Enforcement Officers. Boulder: Paladin Press.

van Reemst, L., Fischer, T., & Weerman, F. (2022). Aggression Against Police Officers and Behavior Toward Citizens: Reciprocal Influence or Common Causes? Frontiers in Psychology. 13: 866923. doi: 10.3389/fpsyg.2022.866923.

Vecchi, G. M., Van Hasselt, V. B., & Romano, S. J. (2005). Crisis (hostage) negotiation: current strategies and issues in high-risk conflict resolution. Aggression and Violent Behavior, 10 (5), pp. 533–551.

Vecchi, G. M., Wong, G. K., Wong, P. W., & Markey, M. A. (2019). Negotiating in the skies of Hong Kong: The efficacy of the Behavioral Influence Stairway Model (BISM) in suicidal crisis situations. Aggression and violent Behavior, 48, pp. 230–239.

von Raesfeld, W. (1960). Führung durch Auftrag oder durch bindenden Befehl? Wehrkunde, 9 (4), S. 165 - 169.

Watzlawick, P., Beavin, J. H. & Jackson, D. D. (1969, 2011). Menschliche Kommunikation: Formen, Störungen, Paradoxien. Bern: Huber.

Weber, M. (2020). Relevanz von Autorität und Respekt für polizeiliches Handeln. Wie entstehen polizeiliche Autorität und Respekt und wie können sie in polizeiliches Handeln integriert werden? SIAK-Journal – Zeitschrift für Polizeiwissenschaft und polizeiliche Praxis (4), 13 - 22, online: http://dx.doi.org/10.7396/20204B.

Werdes, B. (2014). Feedback. In F. Hallenberger & C. Lorei (Hrsg.): Grundwissen Kommunikation (163 - 186). Frankfurt: Verlag für Polizeiwissenschaft.

Weßel-Therhorn, D. (2011). Mehrebenenanalyse von Verhandlungsgesprächen in Fällen von Geiselnahmen und Bedrohungslagen. Frankfurt: Verlag für Polizeiwissenschaft.

White, D. M., Mora, V. J., & Orosco, C, (2019). Exploring Variation in Police Perceptions of De-Escalation: Do Officer Characteristics Matter? Policing: A Journal of Policy and Practice, 15 (2), 727–740. https://doi.org/10.1093/police/paz062.

White, D. M., Mora, V. J., Orosco, C., & Hedberg, E. C. (2021). Moving the needle: Can training alter officer perceptions and use of de-escalation? Policing: An International Journal, 44 (3), 418–436. https://doi.org/10.1108/PIJPSM-08-2020-0140.

Wittmann, L. & Posch, L. (2023). Zur Besonderheit von Polizeieinsätzen mit Menschen mit psychischen Erkrankungen. In: S. Staller, M., Zaiser, B. & Koerner, S. (Hrsg.), Handbuch Polizeipsychologie (S. 519 – 539). Springer Gabler, Wiesbaden. https://doi.org/10.1007/978-3-658-40118-426.

Zaiser, B. & Staller, M. S. (2015). The Word is Sometimes Mightier Than the Sword: Rethinking Communication Skills to Enhance Officer Safety. Journal of Law Enforcement, 4, 1–17.

Zaiser, B. & Staller, M. S. & Koerner, S. (2022). Deeskalation: Polizeiliche Kommunikationsfähigkeit und konfliktreduzierende Handlungskompetenz. Konfliktdynamik. 11. 34-41. 10.5771/2193-0147-2022-1-34.

Zaiser, B., Staller, M. S. & Koerner, S. (2021). Die Tools der Straße I: Verbale Kommunikation im Einsatz. Deutsches Polizeiblatt, 39 (4), 9 - 12.

Zaiser, B., Staller, M. S. & Koerner, S. (2023a). Deeskalation: Polizeipsychologische Grundlagen. In: M. S. Staller, B. Zaiser, S. Koerner (Hrsg.) Handbuch Polizeipsychologie (S. 421 - 440). Wiesbaden: Springer Gabler, https://doi.org/10.1007/978-3-658-40118-421.

Zaiser, B., Staller, M. S. & Koerner, S. (2023b). Psychologische Grundsätze für Verhandlungsgruppen. In: M. S. Staller, B. Zaiser, S. Koerner (Hrsg.) Handbuch Polizeipsychologie (S. 477 - 495). Wiesbaden: Springer Gabler. https://doi.org/10.1007/978-3-658-40118-424 .

Zaiser, B., Staller, M. S. & Koerner, S. (2023c). Barriers to Effective Deescalation. In: M. S. Staller, S. Koerner, & B. Zaiser (Eds.). Police Conflict Management: Volume I - Challenges and Opportunities in the 21th Century (pp. 195–222). Cham: Palgrave Macmillan.

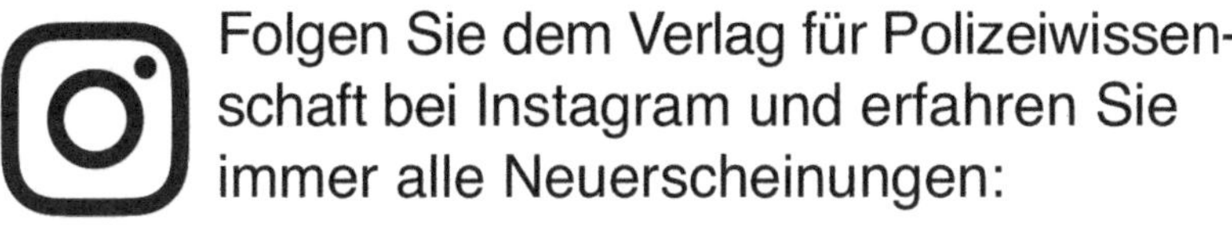

Polizeiwissenscha
Verlag für
für Polizei-
wissenschaft
Verlag für
Polizeiwissenschaft
Verlag für
Polizeiwissenschaft
Verlag
für Polizei-
wissenschaft
Verlag für
Polizeiwissenschaft
Verlag für Polizeiwissenschaft
Verlag für Polizeiwissenschaft